GEOFFROY-GUICHARD
90 ANS D'ÉMOTIONS

Sommaire

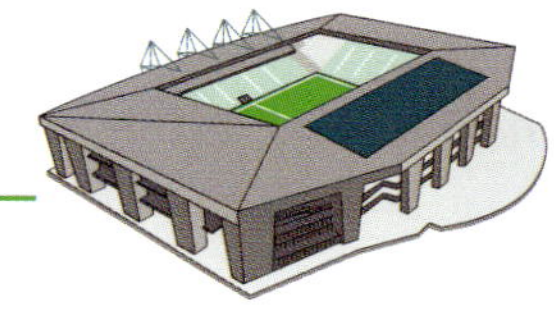

Notre Chaudron !

Geoffroy-Guichard. Plus qu'un stade, c'est un monument incontournable de Saint-Étienne, notre ville. Ce nom reste le symbole d'une famille qui compte tellement pour notre cité.
J'ai vécu mon enfance au rythme de matchs. Le restaurant de mon père était à quelques encablures de là... Comme un cœur qui bat, j'entendais ces clameurs proches qui trouaient le silence de ces dimanches après-midi dominicaux bien assoupis !
Sa forme parfaite, sa position géographique tellement imbriquée dans la cité en font aujourd'hui un des lieux mythiques du football européen et ce, malgré les aléas des résultats de nos Verts. Au moment où j'écris ces lignes, l'ASSE poursuit sa mission de maintien contre le FC Metz devant 36 000 spectateurs, tous unis derrière l'équipe pour relever ce challenge et continuer de rêver, c'est ça la ferveur verte !
La passion autour de ce club ne sera, j'en suis convaincu, jamais dissoute grâce à cet édifice qui symbolise de façon tellement évidente ce qu'est notre région. Et puis cette pelouse magique, ce sont tous ces grands joueurs qui l'ont foulée et qui ont construit sa légende.
Je me souviens encore avec émotion des magnifiques casquettes de Claude Abbes, des « déboulés » de Maryan Wisniewski, du jeu de tête incroyable de Roby, des relances tout en finesse de Jean-Michel Larqué, de la puissance de frappe impeccable d'Hervé Revelli.
Je pourrais aligner des dizaines de noms qui m'ont fait rêver et qui, chacun à leur époque, ont construit le mythe de cette enceinte extraordinaire.
Je me souviens aussi de ces ouvriers qui montaient sur les toits et qui regardaient « gratos » les matchs du dimanche après-midi. Je n'oublie pas non plus les commentaires enflammés de Gérard Simonian (journaliste du *Progrès*, NDLR) qui le lundi matin étrillait sans ménagement celui qui avait failli…
Bref, que d'émotions pour chacun d'entre nous qui aimons le foot, notre ville, notre club, notre stade. Notre Chaudron.

Pierre Gagnaire
Cuisinier

CHAPITRE 1

L'histoire d'un stade mythique

Il porte le même nom depuis bientôt 91 ans : « stade Geoffroy-Guichard ». Et pourtant, c'est la seule donnée immuable car il a bien changé. Il est même complètement méconnaissable aux yeux d'un contemporain des années 1930. Retour sur les décennies d'évolution de la cathédrale du football stéphanois.

Le stade s'est transformé au gré des grandes compétitions internationales comme ici pour accueillir l'Euro 2016.
Archives *Le Progrès* / Philippe Vacher

LE MARAIS, QUARTIER SPORTIF ET INDUSTRIEL

Le quartier du stade est marqué par l'activité métallurgique et la pratique sportive, les usines et le parc de l'Étivallière étant tout proches.

Le 19 mai 1930, Geoffroy Guichard et la société Adosia, une filiale de Casino, achètent des prés marécageux à la famille Bernou de Rochetaillée. Le stade Geoffroy-Guichard va être construit là, sur les 38 000 m² de terrains acquis, à l'est du parc de l'Étivallière, entre l'usine à gaz et les aciéries.

Le quartier du Marais est à l'écart du centre-ville, au nord, en direction de la plaine du Forez. La Grand'rue en direction de la Terrasse est à proximité et avec elle, le tramway ainsi que la gare permettront un accès facile au futur stade, dont l'environnement sera marqué par l'industrie et le sport.

Zone marécageuse au Moyen Âge, le Marais voit en effet l'industrie arriver avec la première ligne de chemin de fer qui relie Saint-Étienne à Andrézieux en 1827. Dans le courant du XIXe siècle, les industries minières d'abord puis métallurgiques profitent de ces grands espaces plats pour installer des puits, un peu plus loin du côté du Soleil, et surtout de grandes halles métallurgiques. Les entreprises Leflaive et Barrouin, toutes deux produisant pour l'armement, s'installent à proximité. Enfin, l'usine à gaz, avec sa cuve en hauteur si caracté- ▸▸▸

Le quartier en 1930 : le parc de l'Étivallière avoisine les aciéries. Entre les deux, un terrain est encore vierge : le stade Geoffroy-Guichard n'est pas encore construit. Archives municipales de Saint-Étienne / 1 Fi ICONO 193

ristique, s'établit dans les environs, derrière les buts côté nord.
Le futur stade est également situé dans un environnement… sportif ! Dans les années 1850, la famille Bernou de Rochetaillée aménage le parc familial de l'Étivallière pour la pratique équestre. Le lieu devient un parc des sports pour la bourgeoisie dans les années 1890 avec des infrastructures pour le tir au pigeon, le tennis, le cyclisme sur

Des terrains d'une surface de 38 000 m²

piste, l'équitation toujours, le football, puis le rugby. Si proche d'un quartier industriel, le lieu symbolise encore, au début des années 1930, la pratique sportive de l'élite stéphanoise, bien loin de la future image populaire des Verts.
Le terrain du futur stade Geoffroy-Guichard est donc là, entre les deux marqueurs de sa future identité : le sport et l'industrie.

Le parc de l'Étivallière avant la construction du stade. En haut à droite, l'usine à gaz.
Archives municipales de Saint-Étienne, fonds Jo Choupin / 7 Fi 12

Le parc de l'Étivallière dans les années 1980.
Archives municipales de Saint-Étienne / 2 Fi ICONO 1746

Les fumées des aciéries, visibles depuis le bord du terrain dans les années 1950.
Archives municipales de Saint-Étienne, fonds Léon Leponce / 5 Fi 7490

LES FUMÉES DU STADE

Pendant des décennies, les spectateurs, journalistes, photographes les ont vues par-dessus le toit de la tribune Henri-Point : les fumées noires s'échappant des cheminées d'usine. Elles provenaient de la halle métallurgique voisine. Charles Barrouin installe là, en 1865, la Compagnie des fonderies, forges et aciéries de Saint-Étienne, son entreprise de fabrication de blindage et grosses pièces d'armement. L'usine se développe et laisse son empreinte dans le quartier : les entrées et sorties des ouvriers rythment la vie des bistrots tandis que les fumées attirent l'œil des supporters. Devenue Compagnie des ateliers et forges de la Loire en 1952, puis Creusot-Loire en 1970, l'entreprise emblématique des environs du stade cesse peu à peu son activité industrielle dans les années 1980 et 1990. Les bâtiments accueillent aujourd'hui les amateurs de sports indoor.

La tribune d'honneur en cours de construction. Archives municipales de Saint-Étienne, fonds Léon Leponce / 5 Fi 6919

LA CONSTRUCTION

La nouvelle enceinte est construite en 1931.
Prévu pour le football mais pas uniquement, Geoffroy Guichard est un stade omnisports.

Pierre Guichard a sans doute dû convaincre son père : il a besoin d'un vrai stade pour l'Association sportive stéphanoise. Les sections dédiées au football, au basket-ball, à l'athlétisme ou au rugby ne peuvent plus se satisfaire des installations modestes du Pont-de-l'Âne. C'est ainsi qu'Adosia, filiale de Casino, achète ce vaste terrain au Marais le 19 mai 1930 à la duchesse de Broglie, fille du baron de Rochetaillée. Le 10 août suivant, une association se crée pour financer les futurs travaux. Dès les premières semaines, 600 000 francs sont réunis, essentiellement issus des poches de la bourgeoisie locale amie de la famille Guichard. Lors de la première ▸▸▸

réunion, les sociétaires décident de donner à la future enceinte le nom du patron bienfaiteur, Geoffroy Guichard, sans se douter que cette dénomination va rentrer dans l'histoire. Adosia choisit l'entreprise Bouhana pour la construction. Celle-ci a de sérieuses références – elle a réalisé le stade olympique de Colombes –, car on compte bien se doter d'un beau stade moderne dont la réputation dépassera la ville de Saint-Étienne.

Les travaux peuvent commencer. Ils visent d'abord à transformer le terrain marécageux en espace constructible. Il faut le drainer et l'aplanir avec près de 11 000 m^3 de terre, pari semble-t-il réussi puisque la pelouse ne sera jamais inondée par la suite. Le rêve de Pierre Guichard se réalise peu à peu. À l'été 1931, soit moins d'un an après le début du projet, l'édifice sort de terre. Il est constitué d'un terrain engazonné de 100 x 66 mètres entouré d'une piste en cendrée de 400 mètres de long, d'une main courante et d'une tribune de 800 places pensée par l'architecte Ploquin et aménagée par l'entreprise Limousin. Sous celle-ci sont aménagés les vestiaires, les douches ainsi que le logement et le bureau du gardien. Le nouveau stade est omnisports et comporte, outre la piste, des installations annexes pour le basket-ball, le volley-ball ainsi que des sautoirs en hauteur, en longueur et à la perche. Geoffroy-Guichard est né ainsi.

La bourgeoise locale finance la construction

Henri Point. D.R.

Jean Snella. Archives *Le Progrès*

Charles Paret. Archives *Le Progrès*

Pierre Faurand. D.R.

QUATRE PERSONNALITÉS POUR QUATRE TRIBUNES

Les quatre tribunes, si on omet la partie de l'une d'entre elles dédiée à Roger Rocher, rendent chacune hommage à une personnalité de l'histoire du club. Henri Point, directeur des ventes chez Casino, est vice-président de l'ASSE dès 1933. Ami proche de Pierre Guichard, il meurt jeune en février 1934. La tribune construite peu après prend son nom. Pierre Faurand, lui, est président du club de 1952 à 1959. Sous la direction de cet industriel local, le club remporte son premier titre de champion de France en 1957 : c'est au sein de cette tribune que fut inaugurée le 8 novembre 2003 la Tribune officielle au nom de Roger Rocher. Jean Snella est d'abord joueur à l'ASSE à partir de 1938 avant d'y revenir comme entraîneur de 1950 à 1959 puis de 1963 à 1967. C'est lui qui bâtit l'ASSE moderne. Charles Paret est le pendant administratif de Snella. Arrivé aussi en 1950 comme secrétaire puis directeur, il transforme l'association déficitaire en une structure solide qui fonctionne comme une entreprise.

INAUGURATION : LE PREMIER JOUR DU RESTE DE SA VIE

Ce dimanche 13 septembre 1931, entre autres festivités, du foot, de l'athlétisme et du rugby, les disciplines en vogue.

La foule se presse du côté de l'Étivallière ce 13 septembre 1931. Les personnalités sont nombreuses, preuve de l'envergure de la nouvelle infrastructure et surtout de la puissance de la famille Guichard. Archives municipales de Saint-Etienne / 2 Fi 1313

« *Un matin comme tous les autres,*
Un nouveau pari,
Rechercher un peu de magie,
Dans cette inertie morose. »

Ces quelques paroles d'introduction, très légèrement modifiées, de la chanson d'Étienne Daho *Le premier jour du reste de ta vie* siéent à merveille à cette journée du dimanche 13 septembre 1931. Celle qui a porté sur les fonts baptismaux le stade Geoffroy-Guichard, berceau des plus beaux exploits de ce qui va en devenir son égérie, l'AS Saint-Étienne. Un club né officiellement postérieurement, le 26 juin 1933, aux balbutiements du football professionnel. Un sacré challenge pour sortir de l'atonie de l'amateurisme.

En ce jour d'inauguration, ce n'est donc encore que son aïeule, l'Association sportive stéphanoise, renforcée par des éléments du Sporting club, qui se retrouve dans une sorte de lever de rideau des festivités, face à l'AS Cannes, demi-finaliste de la Coupe de France quelques mois plus tôt, éliminée par le SO Montpellier. Une opposition qui faisait suite à une matinée marquée par les discours… et un buffet dressé à même la piste d'athlétisme.

« C'est par ce lourd score de 9 à 1 que se termina cette partie qui fut surtout, hâtons-nous de le dire, une exhibition, une démonstration de football plutôt qu'un véritable match », relève-t-on dans *La Tribune républicaine*, de la plume du journaliste qui s'attache toutefois à « la bonne volonté des joueurs stéphanois qui se défendirent – à défaut d'autre chose – avec beaucoup de courage ». Avant d'envoyer du bois dans ce qui deviendra quelque

« Une démonstration de football plutôt qu'un véritable match »

temps plus tard le Chaudron, c'est à un dénommé Dubois, justement, qu'est revenu l'honneur d'offrir la passe décisive à Bréténoux pour le seul et unique but forézien cet après-midi-là. Tels deux pionniers providentiels sous les couleurs vertes.

De nombreux autres suivront des décennies durant dans cet écrin à la magie si particulière. Bien au-delà du premier jour du reste de sa vie. L'athlétisme et le rugby, venus en clôture du spectacle, ne connaîtront pas le même destin que le football en ces lieux. Plus confidentiels, comme l'ultime phrase du texte d'Étienne Daho.

LES GRANDES MANIFESTATIONS SPORTIVES

L'INAUGURATION DU STADE G.-GUICHARD A SAINT-ETIENNE

Nous voilà donc arrivé à cette belle manifestation organisée par l'A. S. Stéphanoise et le S.F.U. réunis à l'occasion de l'inauguration du Stade G. Guichard.

Rappelons les grandes lignes du programme. Nous souhaitons, auparavant, que cette réunion remporte le succès qu'elle mérite.

Le matin

Le capitaine Clayeux, accompagné du capitaine Caste, de l'adjudant Baquet, des athlètes de Joinville Ramadier, Courtej, Winter, Crepin, Moret-Bizot, sera ce matin, à partir de 8 h. 30, au Stade Geoffroy-Guichard, à la disposition de tous les athlètes stéphanois, sans distinction de club, qui voudront lui demander des conseils. L'entrée du Stade sera absolument libre à ce moment et chacun pourra aller demander des conseils à quelques-uns des meilleurs entraîneurs et des meilleurs athlètes français.

EXHIBITIONS ATHLETIQUES

Outre le match de fotball et le match de rugby, auront lieu et la Coupe Thiriez, épreuve pédestre par relais, et un match de saut à la perche, et des démonstrations athlétiques.

La Coupe Thiriez, épreuve pédestre de 5.000 m., par relais de trois coureurs, a réuni l'engagement de 13 excellentes équipes qui doivent se livrer une belle bataille.

Pour le saut à la perche, seront aux prises, Ramadier, recordman de France, les internationaux Crépin et Vintousky et le Lyonnais Demars.

Les démonstrations athlétiques seront faites par Winter et Courtejaire, deux remarquables athlètes.

Et Ramadier fera une exhibition de « Roue vivante ».

LE RUGBY

Pour corser ce magnifique programme aura lieu, un match de rugby qui opposera l'A.S. Montferrandaise, 1/4 de finaliste du championnat de France de rugby, à l'A. S. S.-S. F. U.

Faire l'éloge de l'A. S. Montferrandaise est inutile. C'est une équipe de très grande classe qui possède de nombreux internationaux. Qui, mieux est partout où elle a passé, elle a laissé la réputation d'une équipe correcte, pratiquant un rugby plaisant au possible.

En face de cette grande et belle équipe, les Stéphanois mettront en ligne leurs meilleurs joueurs, auxquels s'ajouteront les frères Carucsco. Pleins de bonne volonté, nos ruggers locaux feront l'impossible pour donner une digne réplique à leur valeureux adversaires.

La réunion de l'après-midi débutera par le match de football A.S. Cannes-Entente Stéphanoise.

Après avoir vu évoluer dans notre département ou plutôt à St-Etienne ou chez nos voisins de St-Chamond, les Nice, Nimes, Sète, Montpellier, St-Raphaël, Marseille, il ne nous manquait plus que de voir à l'œuvre la fameuse Association Sportive de Cannes pour qu'à une exception près la grande série des équipes du Sud-Est ait défilé au complet sur nos terrains familiers.

Grâce à l'heureuse initative de l'Association Sportive Stéphanoise, S.F. Réunis, cette lacune est désormais comblée et nos amateurs de beau jeu vont, dans quelques heures, être satisfaits.

Outre sa grande réputation, la classe de ses remarquables fooballers, Cannes est, sans contestation possible, une de nos équipes françaises de premier plan qui pratiqua le plus beau, le plus séduisant football. L'on sent chez elle les directives des maîtres Hillier et Atkens qui, en Grande Bretagne, eurent leur heure de célébrité.

Rappeler dans ces colonnes la bien longue série de succès remportés par les co-équipiers du puissant international Bardot, nous paraît superflu. L'on conçoit, en effet, aisément, qu'une équipe atteignant les demi-finales de la Coupe de France — elle méritait mieux encore — possède à son palmarès les plus belles victoires sur nos vedettes nationales.

Ce qui nous intéresse particulièrement, aujourd'hui, c'est de savoir que nos visiteurs sont dans une forme excellente. Cette dernière leur permit, dimanche dernier, de s'assurer une magnifique victoire sur le nom moins fameux team de l'Olympique de Marseille, et cela malgré les absences des Béraudo, Hillier, Raschoffer, Magnon. Il est vrai que l'A.S. de Cannes est si riche en joueurs de classe. Et, maintenant, jetons un coup d'œil rapide sur la formation annoncée, formation qui, répétons-le, est garantie par contrat.

En premier lieu, retenons le nom d'Hillier, le fameux demi-centre sélectionné du Sud-Est, toujours préféré à Kauscar, dont on connaît cependant la classe. Viennent ensuite les internationaux Bardot et Duiheil, ex-co-équipiers — de l'équipe de France militaire — de Ferrari, le centre avant du Cos'Chamond et qui constituent l'âme de la quintette offensive. Notons, aussi, le fameux keeper Roux qui se montra fréquemment supérieur aux Henric, Allé, le demi-aile Clerc, l'international Tournaire, le précieux Magnon — indifféremment avant ou arrière — admirablement complétés par les Féchino, Raschoffer, Béraudo, Besson ou les Cornelli, Vigouroux, Schmid.

Il est évident qu'en face d'une telle constellation d'étoiles, la tâche de l'équipe de l'A.S.S. renforcée ne s'annonce pas très aisée. Cependant, grâce à la sportivité des dirigeants de Saint-Etienne-Sporting — ce dont nous les félicitons chaleureusement le onze aligné ne sera pas sans valeur et est même capable de donner à Cannes une digne réplique. Le trio défensif de l'Association Sportive Stéphanoise Branger, Marcoux, Bollache est conservé. Il compensera son manque d'habitude des grands matches par le désir de bien faire et un cran à toute épreuve. Nous eussions cependant aimé voir dans cette ultime défense un Fraisse ou un Vovard, ce qui aurait donné plus de confiance à l'ensemble de la formation. La ligne intermédiaire avec Bretenoux, Montméat, Gabe est solide aux ailes et notre nouveau « half center » fera tout aussi bonne contenance en face d'Hillier.

La division offensive avec les Jeantieu, — qui, philosophiquement, attend l'inévitable suspension — Globelino, Dubois, Richard, Reynaud est certainement la meilleure ligne du « onze ». Elle saura se faire applaudir par de belles envolées et mettre à l'ouvrage le trio défensif opposé.

DETAILS D'ORGANISATION

Le Stade Geoffroy-Guichard est situé en face du Parc municipal de l'Etivallière, à l'angle de la rue de la Tour et de la rue Charles-Delory, c'est-à-dire à côté de l'usine à Gaz et des nouvelles usines des Aciéries. On peut s'y rendre

1° Par le tramway de la grande artère, en descendant aux Abattoirs, prenant la rue Claude-Ode et suivant les pancartes indiquant la direction du Parc de l'Etivallière et du Stade Geoffroy-Guichard.

2° Par le tramway du Marais, en descendant au terminus, suivant la rue Tournefort et la rue Charles-Delory ;

3° En auto ou à pied, en suivant le boulevard Jules-Janin, le boulevard Thiers, et la rue de la Tour, c'est-à-dire exactement la voie du chemin de fer départemental de Saint-Héand. Il est particulièrement recommandé aux automobilistes de suivre cette route, à l'exclusion de toutes autres, car un sens unique sera établi aux environs du Stade Geoffroy-Guichard et empêchera l'accès par les autres routes.

4° En autobus : départs de l'Hôtel de Ville à partir de 13 h. 30 ; départ de Saint-Chamond, square Jean-Jaurès à 13 heures ; départ de Firminy, place du Breuil, à 13 heures.

Un parc d'automobiles sera établi en face du Stade.

LES PLACES

Pelouses, 5 fr. ; tribune en bois, 10 francs ; tribune en ciment, 20 francs.

UN BANQUET ET UN BAL

Un banquet et un bal clôtureront la fête.

LA "ROUE VIVANTE" : *En haut : DIEGUEZ ; une phase de rugby ; VINTOUSKY ; en médaillon : le rugger ROUSSEAU et le lanceur WINTER. Au milieu : un passage d'épreuve pédestre ; RAMADIER, dans la « Roue vivante » ; un saut du même RAMADIER. En médaillon : le pédestrian FRAYSSE et le soccer RAYNAUD ; en bas : SAVY ; une phase de football ; GALLET*

LES EQUIPES DE RUGBY

A. S. MONTFERRANDAISE

Savy
Jacob — Nougal — Thomas — Roumy
Punsola (o) — Clément (m)
Rochon — Monnet — Guéneton
Julien — Cognet
Rochat — Bellen — Gibert

Monnier — Meiller — Bessat
A. Billey — Badoux
Caruesco — Perroud — Jacquier
G. Billet (o) — Caruesco (m)
Millet — Tournet — Rousseau — Dupuy
Pic

A.S. STEPHANOISE — STADE FOREZIEN

La formation de l'équipe clermontoise nous a été communiquée, hier, par l'A.S. Montferrandaise. Quant à l'équipe stéphanoise, elle sera formée définitivement ce matin. Il est probable que Caruesco II cédera sa place à la mêlée à Fauré et passera au centre. Dans les autres lignes pourront être incorporés : Reveredo, Brunon, Grèze, Durieux, Charra, Berthéas, etc...

Pour la Coupe Thiriez

1. Massilia-Club de Marseille (mi-bleu, mi-blanc) : Diéguez, Morier, Chaib.
2. Lyon Olympique Universitaire (cerclé rouge et noir) : Youssef, Younes, Gilly.
3. Sporting-Club Montcellien (blanc noir) : Saunier, Gallet, Goyard.
4. C.A.S.G. Lyon (blanc, cerclé bleu): Roux, Gomez, Rollot ou Goyon.
5. Association Sportive Lyonnaise (rouge et bleu) : Morel, Perroux, Lalamode, Baldeyron.
6. Montrambert Sportif (jaune et bleu) : Delaigue, Berger, Chazalet, Urbaniac Frères.
7. Association Sportive Montferrandaise, 1re équipe (flottant bleu, maillot blanc avec écusson : Parot, Arfeuil, Royon.
8. Association Sportive Montferrandaise (2e équipe) : Soulié, Aubert, Jouvet.
9. Club Olympique Creusotin (bleu marine, parements rouges) : Villeret, Guinot, Dauphin, Guérard.
10. Alliance de Grenoble (blanc, écusson rouge) ; Bayle, Prieur, Castaing.

LES EQUIPES DE FOOTBALL

A. S. CANNES

Roux
Schmitt
Sigoddo — Tournlaire
Hillier
Duteil — H. Roux — Bardot — Fecchino — Gier — Besson

Raynaud — Richard — Dubois — Globellina — Jeantieu
Sabido — Monméa — Brétenoux
Marcoux — Bollache
Branger

ENTENTE STEPHANOISE

La formation de l'équipe visiteuse nous a été communiquée, hier soir, par les dirigeants de l'A.S. Cannes, à leur arrivée à Saint-Etienne. Quant à l'équipe stéphanoise, il est possible que des modifications y soient apportées. Il est probable que Gabe jouera en deuxième mi-temps à la place de Bretenoux. D'autre part, le bruit court que Raynaud pourrait être incorporé dans la ligne intermédiaire. Sa place à l'aile serait prise par un grant du Casino...

FÊTE ET DÉFAITES

Le public, venu profiter des installations flambant neuves du stade Geoffroy-Guichard, n'a pas eu que le ballon rond à se mettre sous la dent en ce deuxième dimanche de septembre 1931. L'athlétisme et le rugby ont aussi eu droit de cité. Une épreuve pédestre de 5 000 m par relais à l'américaine, dotée de la coupe Thiriez, a offert la victoire au Massilia Club de Marseille en 15 minutes 45 secondes devant l'AS montferrandaise et le CO creusotin. Des « exhibitions athlétiques », selon les termes de l'époque, de saut à la perche, de lancers de disque et de javelot, ainsi qu'une démonstration de « roue vivante, exercice complet et particulièrement plaisant », ont été proposées en préambule de l'affiche rugbystique qui verra l'AS monferrandaise prendre le meilleur 32 à 11 sur l'Association sportive stéphanoise – Stade forézien universitaire.

Le stade le jour de l'inauguration. Archives municipales de Saint-Étienne, fonds Léon Leponce / 5 Fi 6920 et 5 Fi 6921

Une parade d'athlètes au stade en 1942. Archives municipales de Saint-Étienne, fonds Léon Leponce / 5 Fi 1722

Ce 24 juillet 1953, les spectateurs attendent les coureurs du Tour de France partis de Lyon. C'est Louison Bobet, vainqueur du Tour, qui remportera cette étape contre la montre en 1 heure 49 minutes. Archives municipales de Saint-Étienne, fonds Léon Leponce / 5 Fi 1530

UN STADE PRIVÉ PUIS PUBLIC

Construit par Adosia, le stade Geoffroy-Guichard est longtemps propriété du club via une filiale de Casino. La Ville de Saint-Étienne l'acquiert en 1965 avant la Métropole en 2001.

La sortie des usines et entrepôts rue de la Montat en 1935. Archives municipales de Saint-Étienne, fonds Léon Leponce / 5 Fi 7465

La société Adosia est commanditaire du stade Geoffroy-Guichard et en est le premier propriétaire. Plus tard, c'est la Société immobilière du stade Geoffroy-Guichard qui prend sa suite. L'une comme l'autre sont des filiales de l'entreprise Casino, déjà connue et reconnue dans les années 1930 à Saint-Étienne et ailleurs. Son fondateur, Geoffroy Guichard, acquiert en 1892 une épicerie à Saint-Étienne. En 1898, il ouvre, à Veauche, une première succursale (il y en aura rapidement bien d'autres, la centième est créée en 1904) puis quelques mois plus tard, il fonde la Société des magasins du Casino et établissements économiques d'alimentation. L'entreprise florissante développe une politique paternaliste à l'égard de ses employés. Outre les œuvres sociales, le sport est encouragé sous l'impulsion de son fils, Pierre Guichard. Un club est fondé le 25 juillet 1919, c'est l'Association sportive de Casino qui devient

Une succursale Casino dans la première moitié du XXe siècle.
Archives municipales de Saint-Étienne / 2 Fi ICONO 1572

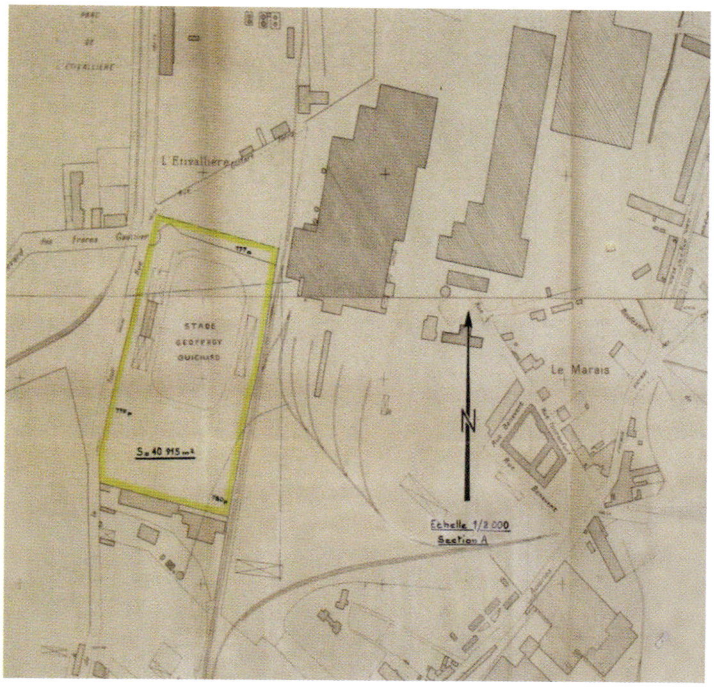

Plan de situation réalisé par la ville lors de son acquisition du stade en 1965. Archives municipales de Saint-Étienne / 6322 W 27

en 1927 l'Association sportive stéphanoise. Pour pratiquer, il faut des terrains, d'abord au Pont-de-l'Âne puis à partir de 1931, à Geoffroy-Guichard.

Propriétaire de son stade, l'ASSE n'a pas les moyens de le moderniser ou de l'agrandir. Tout juste le club a-t-il pu financer les travaux de terrassement qui ont supprimé la piste et formé les remblais des gradins dont les plateaux en bois accueillent les spectateurs à l'été 1957. L'obligation de jouer en nocturne à partir de 1965 est le coup de grâce : impossible de financer l'éclairage. La vente du stade à la municipalité, depuis longtemps discutée, devient une nécessité. Le maire Michel Durafour conclut l'achat pour 1 514 373 francs et s'engage à louer l'enceinte à l'ASSE contre un loyer d'un franc par an. C'est ainsi que le stade, sous l'impulsion municipale, va se transformer au fil des années… Depuis 2001, c'est Saint-Étienne Métropole, structure intercommunale rassemblant 53 communes, qui gère l'enceinte. Preuve que l'aura de Geoffroy-Guichard dépasse largement les frontières de la ville…

Le 26 janvier 1986, 3 500 personnes de Casino dessinent le logo de l'entreprise stéphanoise sur la pelouse du stade.
Archives *Le Progrès* / Yves Flammin

GEOFFROY GUICHARD, LE VISIONNAIRE

Fondateur de Casino, Geoffroy Guichard a innové pour développer son entreprise, mais aussi pour le bien-être de ses salariés. Il a investi dans le sport, son fils Pierre prendra la suite.

Geoffroy Guichard à 42 ans. D.R.

Parti d'une simple épicerie, Geoffroy Guichard (1867-1940) est un homme visionnaire, fondateur du groupe Casino. Né à Feurs le 21 juillet 1867, il débute son aventure en 1892 quand il devient propriétaire avec son beau-père d'une épicerie installée dans l'ancien Casino lyrique, au cœur de Saint-Étienne. Le nom de l'entreprise familiale est trouvé. Il y travaille avec sa femme Antonia et ils vivent dans le même bâtiment, rue des Jardins, devenue rue Michel-Rondet. Le succès ▸▸▸

Pierre Guichard dans les années 1950. Il incarne une grande partie de l'histoire de l'ASSE. Archives municipales de Saint-Étienne, fonds Léon Leponce / 5 Fi 7507

est au rendez-vous et Geoffroy Guichard voit grand. L'entreprise Casino est officiellement fondée en 1898. Il crée cette même année une première succursale à Veauche, à quelques kilomètres de Saint-Étienne.

Du Casino lyrique à Casino

Entrepreneur visionnaire, il innove en lançant dès 1902 la première marque de distributeur française. Il devance même les avancées sociales de la société française. Alors que les lois sur les retraites ouvrières sont en préparation, il crée en 1904 la caisse de prévoyance et d'assurance décès pour les gérants et les salariés de Casino. En 1916, il instaure également une caisse d'allocations familiales. « Il a été précurseur sur un plan social. Il était bienveillant et se souciait du bien-être de ses employés. Il préférait les voir pratiquer un sport plutôt que d'aller au bar », précise Philippe Gastal, conservateur du musée des Verts et historien du club. Le 25 juillet 1919, Geoffroy Guichard crée l'association sportive de Casino qui deviendra en 1933 l'AS Saint-Étienne.

La croissance de Casino est fulgurante. L'entreprise compte 100 succursales dès 1904. En novateur inspiré, Geffroy Guichard lance en 1910 les primes liées à l'achat des produits vendus : soit l'invention des programmes de fidélité. Une valeur qui se retrouve rapidement dans les travées du stade qui porte son nom : « Tout est parti de Geoffroy Guichard. On ne peut parler de l'ASSE sans parler de Casino. L'histoire de l'ASSE est intimement liée à celle de l'entreprise. Le vert du maillot de l'ASSE provient par exemple de la couleur des stores de la première épicerie Casino. Geoffroy Guichard a posé les bases et ensuite c'est son fils, Pierre Guichard, qui a eu une influence considérable dans l'histoire du club et du stade. »

PIERRE GUICHARD, PÈRE DU STADE ET DE L'ASSE

Pierre Guichard, le fils du fondateur de Casino, né en 1906 dans une famille éminemment bourgeoise fait tout naturellement ses études en Haute-Normandie, à l'École des Roches : là, il suit un cursus à l'anglaise où le sport est considéré comme un outil d'éducation pour la jeunesse de l'élite. Il pratique le basket-ball, la natation, l'athlétisme et le football. De retour à Saint-Étienne, il intègre l'entreprise familiale comme vendeur. Alors qu'il entame son ascension qui le mènera jusqu'à la tête de la société, il prend rapidement la présidence de l'AS Casino et crée le journal Nos Sports en 1924. Promoteur infatigable du sport au sein de l'entreprise, il convainc son père de construire un vrai stade. « Dès la fin des années 1920, Pierre Guichard cherche un terrain pour construire un stade », explique Philippe Gastal. Ce sera fait en 1930 : « Geoffroy Guichard a négocié l'achat d'un terrain d'environ 40 000 m² avec la famille de Rochetaillée. Il a ensuite cédé ce terrain à l'Association sportive stéphanoise dirigée par son fils Pierre Guichard pour un franc symbolique annuel de location sur une durée de 30 ans. » Les travaux du futur stade peuvent commencer : « La famille Guichard a créé une société anonyme, Les amis du sport, pour financer la construction du stade, le 8 août 1930. » Pierre Guichard décidera de le baptiser du nom de son père, sans qui rien n'aurait été possible. Il fonde ensuite l'ASSE en 1933 et en reste président jusqu'en 1943 avant de revenir de 1950 à 1952 puis de 1959 à 1961.

Le stade dans les années 1970, la tribune d'honneur d'origine est toujours là. Archives municipales de Saint-Étienne / 2 Fi ICONO 410

D'ÉVOLUTIONS EN BOULEVERSEMENTS

Au cours de ses 90 années d'existence, la physionomie du stade a bien changé au point de le rendre méconnaissable à plusieurs décennies d'écart.

Le stade Geoffroy-Guichard, à sa construction, se limite à un terrain, une piste et une tribune. Cette dernière est rapidement agrandie en 1936. Deux ans auparavant, une petite tribune couverte, en bois, dénommée Henri-Point, avait été construite en face. Avec l'accession de l'ASSE en division 1, 15000 spectateurs (des monticules ont été en outre aménagés derrière chaque but) peuvent assister aux matchs.

Un premier tournant survient en 1957. Pendant l'été qui suit le premier titre de champion de France, la piste est rasée et des gradins installés derrière les cages. La capacité est portée à 30000 spectateurs. ▸▸▸

Les travaux, réalisés par la Société forézienne de travaux publics de... Roger Rocher, rendent l'enceinte rectangulaire, comme un stade à l'anglaise où on joue uniquement au football.
Les années 1960 voient un lifting complet du site, permis grâce à l'achat par la Ville. Les premiers travaux concernent l'éclairage en 1965. Quatre pylônes sont installés aux quatre coins du terrain. Les joueurs empilent leurs titres de la deuxième partie des années 1960 dans une enceinte en travaux. Le nouveau stade, doté de quatre vraies tribunes, est réceptionné le 30 janvier 1969. La vieille tribune Henri-Point, en bois et menaçant de s'effondrer en partie, a été démolie. À sa place est érigée une nouvelle construction couverte et équipée de places assises. Au nord et au sud, derrière chaque cage, les buttes sont désormais recouvertes.
Ces travaux sont complétés en 1972 par la construction, au dos de la tribune d'honneur, d'un bâtiment administratif qui signale la nouvelle envergure du club. Là sont rassemblés les services administratifs, les salles de réception et le centre de formation. C'est la période de l'âge d'or du club, celui qui a fait trembler chaque adversaire et hurler de joie les supporters verts qui peuvent désormais s'entasser à près de 40000.

L'âge d'or du club

Quelques années plus tard, le stade est rénové dans la perspective de l'Euro 1984. Les tribunes nord et sud sont surélevées d'un étage de places assises. Celle du sud est dotée d'une toiture en plexiglas pour laisser passer les rayons du soleil en hiver et dégeler la pelouse. Si la tribune Henri-Point n'est pas touchée, la vieille tribune d'honneur de 1931, en béton blanc, est démolie ainsi que le bâtiment administratif édifié à peine dix ans auparavant. Une nouvelle tribune est construite à sa place et toutes sont baptisées : Pierre-Faurand pour l'une, Jean-Snella et Charles-Paret pour les autres, en plus de celle qui porte déjà le nom d'Henri Point. C'est avec cette configuration « internationale », et alors que l'ASSE joue en deuxième division, que le record de spectateurs est battu en Coupe de France face à Lille en 1985 avec 47747 personnes.
Autre compétition, nouveaux travaux, avec la Coupe du monde 1998. Outre les abords du stade revus et soignés, la tribune Henri-Point est surélevée alors que les kops sont dorénavant assis. L'éclairage, désormais accroché à la toiture de chaque tribune, est nouveau. La capacité est ramenée à 35616 places assises.
Moderne et mainte fois reconfiguré, le stade Geoffroy-Guichard se reconnaît encore entre mille : un terrain entouré de quatre tribunes indépendantes faites de béton et de tôles. Plus que l'emblème de la ville, sa cathédrale.

La piscine intérieure des joueurs dans les années 1970, Pierre Répellini, Gérard Farison, Christian Sarramagna, Georges Bereta et Jean-Michel Larqué en profitent. Archives municipales de Saint-Étienne / 4 R 7 ICONO 13

Il y avait du monde pour l'inauguration en 1972. Archives *Le Progrès*

La charpente métallique de la tribune sud avant d'être posée à l'occasion des travaux pour l'Euro 1984. Archives municipales de Saint-Étienne, fonds *La Tribune-Le Progrès* / 6 Fi 7655

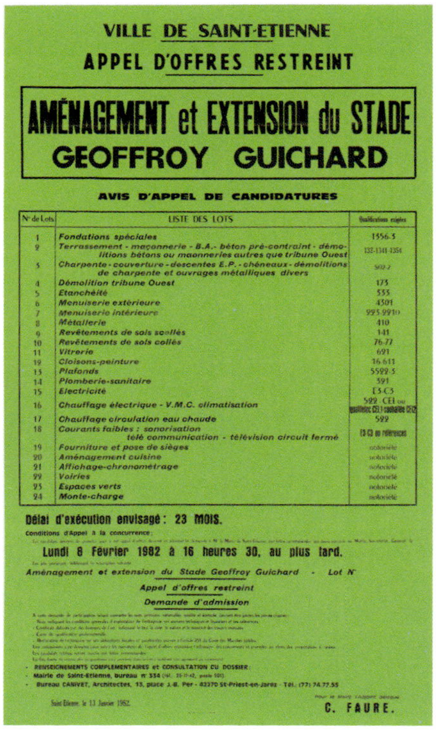

VILLE DE SAINT-ETIENNE

APPEL D'OFFRES RESTREINT

AMÉNAGEMENT et EXTENSION du STADE GEOFFROY GUICHARD

AVIS D'APPEL DE CANDIDATURES

N° de Lots	LISTE DES LOTS	Qualifications exigées
1	Fondations spéciales	1556-3
2	Terrassement - maçonnerie - B.A.- béton pré-contraint - démolitions bétons ou maonneries autres que tribune Ouest	132-1341-1354
3	Charpente - couverture - descentes E.P. - chéneaux - démolitions de charpente et ouvrages métalliques divers	502-2
4	Démolition tribune Ouest	173
5	Etanchéité	533
6	Menuiserie extérieure	4301
7	Menuiserie intérieure	993-9910
8	Métallerie	410
9	Revêtements de sols scellés	141
10	Revêtements de sols collés	76-77
11	Vitrerie	691
12	Cloisons-peinture	16-611
13	Plafonds	5522-3
14	Plomberie-sanitaire	391
15	Electricité	E3-C3
16	Chauffage électrique - V.M.C. climatisation	522 - CEI ou [illegible]
17	Chauffage circulation eau chaude	522
18	Courants faibles : sonorisation télé communication - télévision circuit fermé	E3 C3 ou références
19	Fourniture et pose de sièges	notoriété
20	Aménagement cuisine	notoriété
21	Affichage-chronométrage	notoriété
22	Voiries	notoriété
23	Espaces verts	notoriété
24	Monte-charge	notoriété

Délai d'exécution envisagé : 23 MOIS.

Conditions d'Appel à la concurrence :

Lundi 8 Février 1982 à 16 heures 30, au plus tard.

Aménagement et extension du Stade Geoffroy Guichard - Lot N°

Appel d'offres restreint

Demande d'admission

- RENSEIGNEMENTS COMPLEMENTAIRES et CONSULTATION DU DOSSIER :
- Mairie de Saint-Etienne, bureau n° 334
- Bureau CANIVET, Architectes, 13, place J.-B. Per - 42370 St-Priest-en-Jarez - Tél. (77) 74.77.55

Saint-Etienne, le 13 Janvier 1982

C. FAURE.

Appel d'offres pour la rénovation du stade à l'occasion de l'Euro 1984. La France a été officiellement choisie pour organiser la compétition et Saint-Étienne, en tant que place forte du football français, accueille deux matchs : Roumanie-Espagne et surtout France-Yougoslavie, un match resté dans les mémoires. Archives municipales de Saint-Étienne / 1 Fi AFFICHE 275

Le stade après 1984, la vieille tribune d'honneur, blanche et en béton, est détruite. C'était le dernier édifice originel du stade de 1931... Le bâtiment administratif, construit seulement dix ans auparavant, a subi le même sort. Archives municipales de Saint-Étienne / 2 Fi 3390

Les travaux à l'occasion de la Coupe du monde 1998. Les architectes Dominique Berger et André Jallon conservent toujours le stade à l'anglaise avec ses quatre tribunes indépendantes. Avec les normes de l'UEFA, il est désormais impossible de faire la « transhumance » entre les tribunes à la mi-temps afin de mieux voir les cages bombardées par les attaquants stéphanois… Archives *Le Progrès*

UN CHAUDRON PLUS GRAND ET HARMONIEUX

Après plus de trois ans de travaux, Geoffroy-Guichard a terminé sa mue fin décembre 2014. Un lifting d'envergure pour donner une harmonie à un Chaudron de 42 000 places avant la tenue de l'Euro 2016 en France.

Juin 2011 : les travaux ont commencé dans le kop nord, tribune Charles-Paret. Archives *Le Progrès* / Philippe Vacher

Les chiffres donnent le vertige. 13 000 m³ de béton, 2 000 tonnes de charpentes, 16 000 m² de couverture et une enveloppe finale de 71,8 millions d'euros. La rénovation du stade Geoffroy-Guichard, qui a nécessité plus de trois années de travaux entre août 2011 et décembre 2014, a été un chantier d'envergure. « Une aventure passionnante », se souvient Rémy Van Nieuwenhove, l'un des architectes de Chaix & Morel et Associés. Sollicité par Léon Grosse, le constructeur, l'atelier parisien a remporté le concours en novembre 2010 et n'a eu qu'un an, « un délai très court », pour réaliser ses études et déposer les permis de construire. Car cette réhabilitation du Chaudron, propriété de Saint-Étienne Métropole, entre dans le cadre de l'Euro 2016, dont le cahier des charges prévoit une livraison des enceintes deux ans avant le début de la compétition en France.

« On s'attaquait à un gros morceau »

« On ne partait pas d'une feuille blanche. Quand on a découvert Geoffroy-Guichard, les quatre tribunes n'avaient pas de relation entre elles. Il n'y avait aucune vision globale de l'ensemble même si le fait que le stade soit posé ▶▶▶

1 jean + 1 tee-shirt 50€ Carnet de Vol 6 rue Léon Nautin à St-Etienne

La Tribune LE PROGRÈS

MERCREDI 14 SEPTEMBRE 2011 — 0,90 € — EDITION DU FOREZ

www.leprogres.fr

Chaudron : coup d'envoi pour trois ans de travaux

Hier, pose de la première pierre des travaux de réhabilitation
300 invités ont assisté au lancement de ce vaste chantier d'extension du stade Geoffroy-Guichard en vue de l'Euro 2016.

En 80 ans, le Chaudron a connu plusieurs rénovations
Inauguré le 13 septembre 1931 par Pierre Guichard, le stade avait alors 1 000 places. Le projet prévoit d'accroître la capacité de 36 000 à 40 000 places.

« Un musée, par respect pour les supporters »
Selon Philippe Gastal, historien de l'ASSE, « les supporters attendent ce musée depuis 12 ans ». Il sera construit en même temps que le stade. PAGE 7

ANDRÉZIEUX-BOUTHÉON
Tennis : un entraîneur jugé d'atteinte sexuelle
Même s'il n'y a jamais eu de contrainte physique entre Pascal Ruffin et la joueuse Anaïs Lauendon, le parquet a requis 18 mois avec sursis à l'encontre du coach. PAGE 9

LOIRE FOREZ
4 ans après, la ZAC des Plaines est toujours vide
Située sur trois communes du Forez, la Zac des Plaines (100 ha), victime de la crise et du Grenelle de l'environnement, attend toujours ses premiers occupants. PAGE 12

ÉGORGÉE DANS LE PILAT
La cavale du mari se termine en Grèce
Recherché dans toute l'Europe, le mari géorgien soupçonné d'avoir tué son épouse dans le Pilat, en novembre 2009, s'est rendu aux policiers grecs. PAGE 11

VOS LOISIRS
Quelle « Guerre des boutons » choisir ?
Le cinéma voit double avec deux remakes de « La Guerre des boutons », qui sortent à une semaine d'écart. Nos conseils pour choisir. Ou pas. PAGE 33

VOS RUBRIQUES

La Une du *Progrès*. Archives *Le Progrès*

sur des galeries, à côté d'une usine, donnait un sens historique », se remémore Rémy Van Nieuwenhove. « Il y avait aussi une acoustique et une ambiance géniale lors des matchs, ajoute Frédéric Carrasco, lui aussi architecte au sein de la société établie à Paris. On s'attaquait à un gros morceau. »
Avec de fortes contraintes, dont celle de réhabiliter l'enceinte en site occupé puisqu'elle continue d'accueillir les matchs des Verts, et celle de ne pas toucher à la toiture de la tribune Pierre-Faurand sur laquelle sont installés des panneaux photovoltaïques.
La première phase, entre septembre 2011 et 2012, permet d'offrir une jauge de 27 000 places après les travaux effectués sur la tribune Charles-Paret et la construction des angles avec Pierre-Faurand et Henri-Point. Jusqu'à la livraison, fin décembre 2014, Geoffroy-Guichard, désormais fermé par quatre angles – dont un abrite le musée – dotés de deux balcons au-dessus des kops et dont les toitures des quatre tribunes sont rehaussées au (quasi) même niveau dans une géométrie de plis

Les architectes Frédéric Carrasco et Remy Van Nieuwenhove. Photos Chaix & Morel Associés

et de facettes, se transforme pas à pas. Pour au final pouvoir accueillir 42 000 spectateurs contre 35 616 auparavant, parmi lesquels les partenaires et VIP dans des salons agrandis. Dehors, la nouvelle façade en métal perforé agit sur la lumière selon qu'il fait jour ou nuit. « On s'est servi des constructions existantes pour augmenter la jauge et créer une harmonie », résume Frédéric Carrasco. Tout en améliorant le confort pour le public avec la création de sanitaires et de buvettes, ainsi qu'un meilleur regard sur le jeu. Les poteaux qui « plombaient » la visibilité sont supprimés et une « mégapoutre » métallique de 110 mètres de long, 10 mètres de hauteur et 250 tonnes est levée d'un seul tenant et hissée à 30 mètres sous la tribune Pierre-Faurand. « On a fait venir des moyens de levage des chantiers de Saint-Nazaire », dévoilent les architectes qui n'ont pas oublié la démarche environnementale du projet. Plus de 40 % des travaux ont été effectués par des entreprises régionales et un système de récupération de l'eau de la toiture pour arroser la pelouse a été mis en place. Pour un Geoffroy-Guichard durable.

Décembre 2011 : les travaux se poursuivent dans la tribune. Archives *Le Progrès* / Philippe Vacher

1 **Juin 2012 : fin de l'installation de la structure métallique de support de toiture.** Archives *Le Progrès* / Philippe Vacher

2 **Mars 2013 : c'est au tour de la tribune sud Jean-Snella.** Archives *Le Progrès* / Philippe Vacher

3

3 Avril 2013 : installation de la poutre principale. Archives *Le Progrès* / Claude Essertel

4 Coupes générales des tribunes. Document Chaix & Morel Associés.

4

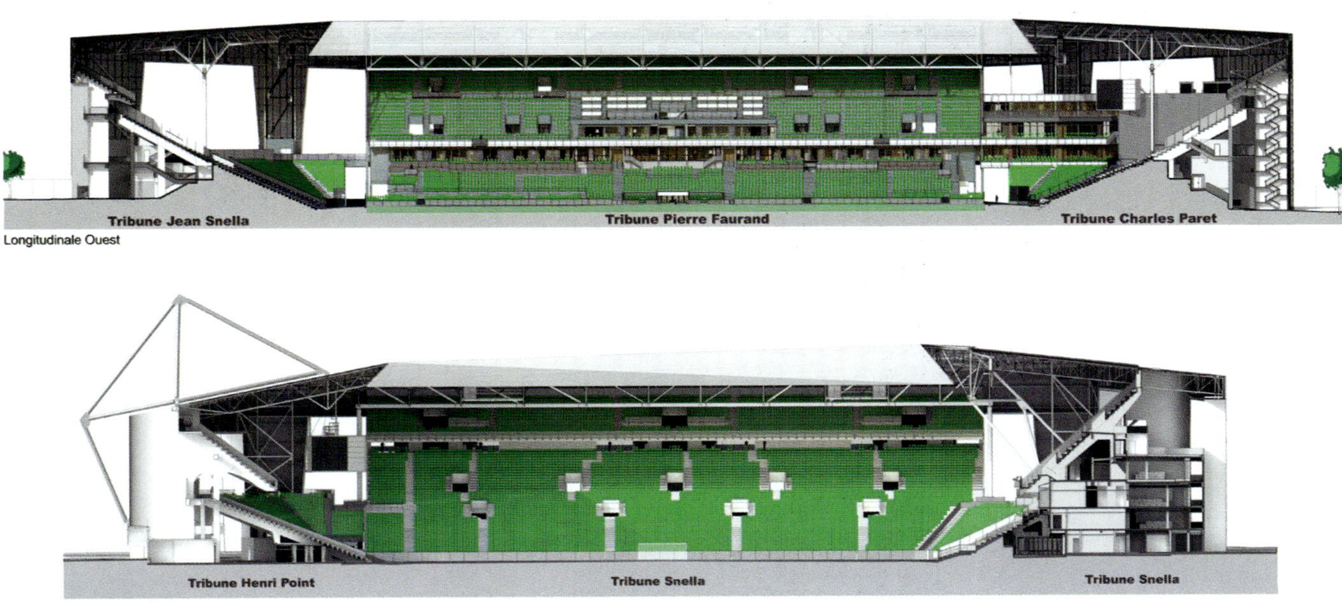

6 avril 2014 : pendant les travaux, le foot continue. Alors que le 4e coin est en construction, on joue la 32e journée du championnat de Franc

e (1-1). Archives *Le Progrès* / Celik Erkul

Novembre 2014 : le Chaudron, ici en configuration Coupe de la ligue Europa a fait sa révolution. Il sera livré en décembre. Archives *Le Progrès* / Philippe Vacher

Octobre 2015 : lors de journées portes ouvertes, le public découvre le nouveau Geoffroy-Guichard. Archives *Le Progrès* / Fabrice Roure (CLP)

CES PROJETS ENTERRÉS

Le stade Geoffroy-Guichard aurait-il pu offrir un autre visage ? Oui, au moins à deux occasions. En 1957, l'architecte Édouard Hur imagine détruire la tribune Henri-Point et couvrir le stade d'une seule tribune sur les trois autres côtés. Capacité : 40 000 places. Raté, les sondages en sous-sol révèlent des veines de charbon à faible profondeur qui découragent l'architecte.

En 1979, le président Rocher veut moderniser toujours plus le fonctionnement du club, attirer plus de public pour accroître les revenus. Il présente pour cela son projet de « grand stade ». L'enceinte pourrait contenir 55 000 spectateurs avec un étage supplémentaire à chaque tribune, une « brasserie des Verts » et plusieurs « bistrots des Verts » pour diversifier les recettes. Malgré la candidature de la France pour l'Euro 1984 et la Coupe du monde 1990, la municipalité recule face au coût du projet.

Et en 2006, la direction du club émet l'idée de construire un nouveau stade à Andrézieux-Bouthéon. C'est un tollé dans l'opinion publique. Les supporters tiennent à leur stade et à son nom.

Un autre projet est discuté en 2009. Cette fois-ci, il s'agirait de construire à côté du musée d'Art moderne, il y a de la place. 50 000 places pour 200 millions d'euros. Les supporters manifestent, l'idée est enterrée.

Archives municipales de Saint-Étienne, fonds Léon Leponce / 5 Fi 9340

UNE NOUVELLE PELOUSE

Durant l'été 2014, 1,7 million d'euros ont été investis pour permettre à la pelouse du stade Geoffroy-Guichard, souvent pointée du doigt, de reverdir. Un système de hors-gel avec un circuit de 39 kilomètres de résistances a été installé pour lutter contre les hivers souvent rudes dans le Forez et donner la possibilité aux joueurs de bénéficier de conditions optimales en toutes circonstances météorologiques. Aussi, un nouveau substrat hybride a été posé, élevant au passage le niveau du terrain d'une vingtaine de centimètres, et la luminothérapie a fait son apparition pour pallier la carence de lumière naturelle à certaines périodes de l'année. Quelques supporters ont profité de ces travaux pour récupérer un petit bout des 4 000 m^2 de pelouse qui ont été retirés avant l'installation de la nouvelle.

Avec l'installation du système de réchauffement de la nouvelle pelouse, c'en est fini des images du stade sous la neige. Ce changement de terrain a permis aux supporters de repartir avec des carrés souvenirs préparés par les jardiniers.
Archives *Le Progrès* / Philippe Vacher et Claude Essertel

AVEC LE MUSÉE, À JAMAIS LES PREMIERS

Déjà pionnière en matière de préparation de match ou de marketing, l'ASSE l'a été encore dans la mise en valeur de son histoire en inaugurant en 2013 le premier musée dédié au football en France.

Philippe Gastal, conservateur du musée de l'ASSE et historien du club, le jour de l'inauguration le 20 décembre 2013.
Archives *Le Progrès* / Philippe Vacher

C'est le labeur d'une vie. La concrétisation de la passion immense d'un homme pour son club, propulsé gamin dans les travées de Colombes en 1970 un après-midi de finale de Coupe de France victorieuse contre Nantes. 43 ans plus tard, il finira conservateur du musée de l'ASSE. Le 20 décembre 2013, jour de l'inauguration du lieu dédié à la mémoire des Verts, Philippe Gastal balance entre l'émotion d'un père à la naissance de son enfant et la fatigue de 15 ans de gestation opiniâtre.

Pharmacien dans le civil, historien officieux du club avant d'en devenir salarié en 2013, il n'a compté ni les coups de fil passés ni les kilomètres parcourus pour dénicher une relique ou recueillir un témoignage durant les 18 mois qui ont précédé l'ouverture de l'enceinte, une fois la décision actée par les collectivités. Mais l'idée du musée remonte bien avant. « Dans les années 1990, on avait évoqué le projet. Il se trouve qu'on avait déjà pas mal avancé, qu'on avait fait des recherches... Et malheureusement, il y a eu l'affaire des faux passeports (saison 2000-2001, NDLR) qui fait qu'il y a eu d'autres priorités. » Ce « serviteur du club », comme il se présente, ne lâche pas l'affaire. « Il a fallu être patient et attendre que la ville de Saint-Étienne soit choisie dans le cadre de l'Euro 2016 pour que le dossier avance. » Michel Platini et Ivan Curkovic, lors de discussions informelles avec Maurice Vincent, le maire de l'époque, finissent de convaincre l'édile, patron de la Métropole et propriétaire du stade. Mais c'est l'apport du conseil général dirigé par Bernard Bonne qui fera office de déclencheur, en liant l'investissement financier de la rénovation du Chaudron à la création du musée (2,5 millions d'euros sur les 6 millions).

Si le premier projet était de le construire jouxtant la boutique des Verts alors qu'il n'y avait pas encore la cafétéria, le musée a ▸▸▸

naturellement pris sa place « dans le cœur, le poumon du club », à savoir un angle de Geoffroy-Guichard. Au total, plusieurs milliers de photos, de vidéos, d'objets dont 500 maillots portés se retrouvent exposés sur 800 m² ou en sommeil dans les 80 m² de réserve. « On a réussi

Faire plaisir aux supporters, respecter les anciens joueurs

notre pari de faire plaisir aux supporters et de respecter les anciens en leur rendant hommage. Ils sont ici chez eux qu'ils aient porté le maillot vert 15 minutes ou 15 ans », se réjouit Philippe Gastal. « Ici, il y a une âme, quelque chose de fort. » La magie a opéré immédiatement. En 15 jours, tous les départements français avaient été représentés avec 10 000 entrées. En neuf ans, pas loin de 300 000 amoureux de l'ASSE sont déjà venus s'offrir un shoot de nostalgie.

Le musée sera situé dans l'angle ouest de la tribune sud. Archives *Le Progrès* / Claude Essertel

En 2018, visite guidée du musée pour les nouvelles recrues Yann M'Vila, Paul-Georges Ntep, Mathieu Debuchy et Neven Subotic.
Archives *Le Progrès* / Frédéric Chambert

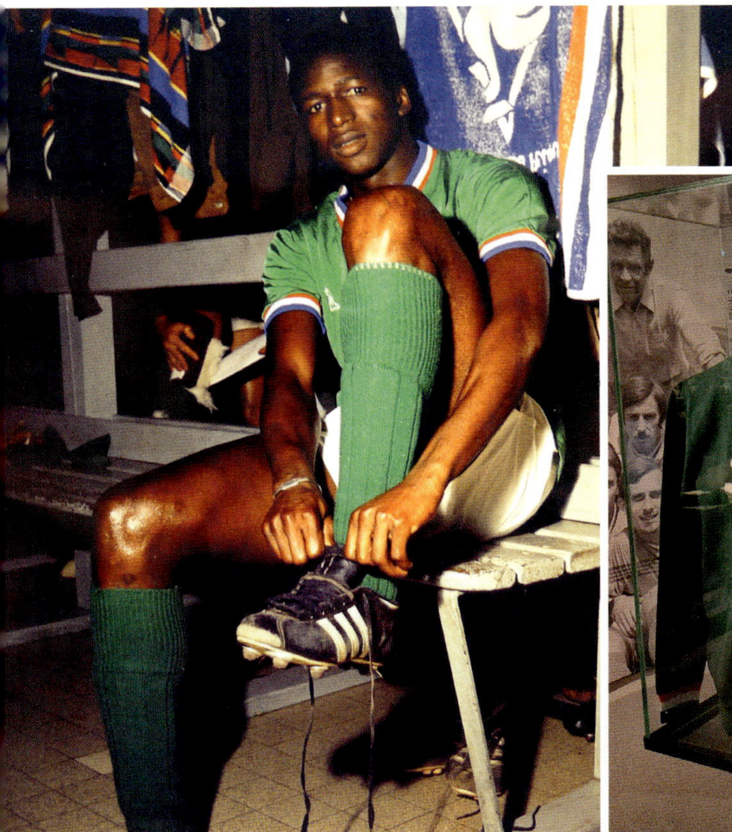

Archives *Le Progrès*

Collection Musée des Verts

LE PANTHÉON DE PHILIPPE GASTAL

Difficile pour le conservateur Philippe Gastal de choisir « LA » pièce, en dehors des iconiques poteaux carrés, parmi le millier présent au cœur du musée. Mais à la question de savoir laquelle l'émeut le plus, il va droit au but. « On revient toujours à l'enfance et au premier match que je suis allé voir, la finale de Coupe de France contre Nantes à Colombes le 30 mai 1970 avec mon père. Quand Salif (Keita) m'a ramené son sweat floqué à son nom, ça m'a fait quelque chose. C'est autant historique que sentimental. » Même si grâce « à un rapport d'amitié et de confiance » façonné avec le temps, Philippe Gastal n'a pas eu trop de peine à convaincre les anciens joueurs de lui céder quelques précieux souvenirs, il manque cependant une pièce à sa collection : une tenue de la finale de Coupe de France 1975 remportée contre Lens (2-0). « L'équipe stéphanoise portait un maillot particulier. J'ai eu le 15 ou le 16, mais jamais un qui a été porté. C'est très difficile à obtenir. C'était l'époque où on commençait à échanger les maillots. Il doit y avoir des Lensois qui en ont… Peut-être le regretté Daniel Leclercq. »

LA QUÊTE DES POTEAUX CARRÉS

Ce ne sont que quelques bouts de bois râpés, usés et vermoulus qui, une nuit d'octobre 2013, sortent du semi-remorque, de retour de Glasgow, affrété spécialement par Roland Romeyer. Insignifiants pour qui n'est pas amoureux des Verts, ces poteaux carrés sont le symbole même de la légende stéphanoise pour tous les autres. Philippe Gastal va au-delà : « Ils font partie du patrimoine du football français. » Ces obscurs objets du désir ramenés à la lumière ravivent la flamme du souvenir douloureux de la finale de 1976, mais il était impensable de les abandonner au pool d'Écossais qui en étaient devenus propriétaires. Un séjour à Glasgow en mai 2012 de journalistes du *Progrès*, qui retrouvent les fameux poteaux abandonnés sur des parpaings dans un sous-sol d'Hampden Park, lancent la quête de ces précieux trésors. Mais l'Écossais, fidèle à sa réputation, est pingre. L'ASSE les rapatriera finalement contre un chèque de 20 000 € alors que les vendeurs en demandaient quatre fois plus… Restaurées, les reliques ont pu alors prendre la place qui est la leur : celle de stars du musée des Verts.

L'arrivée des poteaux en 2013, réceptionnés par Georges Bereta et Dominique Rocheteau. Archives *Le Progrès* / Celik Erkul

La nouvelle muséographie. Archives *Le Progrès* / Yves Salvat

LE MUSÉE S'OFFRE UNE SECONDE JEUNESSE

À l'échelle de la longévité d'un musée, huit ans ce n'est rien. Mais rattrapé par l'évolution technologique, le lieu s'est offert une seconde jeunesse. Fermé pendant deux mois, il a rouvert en décembre 2021, entièrement repensé mais sans perdre son âme. « Nous sommes dans un musée moderne qui allie à la fois le passé, le présent et l'avenir », s'enthousiasme Philippe Gastal. Le conservateur évoque un ensemble « plus immersif et plus ludique », à l'image de ce spectaculaire et chaleureux bar à la décoration seventies, avec tapisserie et téléviseurs garantis d'époque. Si la scénographie repensée par la société Les Charons met toujours en valeur les pièces marquantes, les visiteurs qui connaissent déjà l'enceinte ne s'ennuieront pas. Outre un nouvel espace réservé à Robert Herbin, ils en découvriront un autre dédié aux supporters, là encore vidéos à l'appui. Avant d'être emportés par une sphère à 360° qui permet de se plonger dans l'ambiance du Chaudron un jour de triplé de Romain Hamouma (face à Lille en 2018) ou encore par les hologrammes qui animent la salle consacrée aux poteaux carrés.

CHAPITRE 2

Un stade, un club : l'ASSE

Entre 1938 et 2020, une trentaine de matchs de championnat, de Coupe de France, de la Ligue ou d'Europe ont marqué l'histoire de l'ASSE. Sans parler des derbys ! C'est l'occasion de retrouver ces générations de joueurs qui ont relevé les enjeux du club, ces supporters qui les ont sublimés et ces professionnels qui, toute l'année, font que le Chaudron tourne rond.

Les Verts symbolisés par Michel Platini remportent un dixième titre de Champions de France. Archives *Le Progrès*

GRAND TÉMOIN
ROLAND ROMEYER

De la fin des années cinquante à 2022, d'un supporter en culottes courtes à la présidence du directoire de l'ASSE : plus de 60 ans de stade pour Roland Romeyer. Photo *Le Progrès* / Rémy Perrin

« ON AVAIT L'IMPRESSION DE POUVOIR TOUCHER LES JOUEURS »

Dès la fin des années 1950, Roland Romeyer, actuel président du directoire de l'ASSE, a grandi dans le Chaudron et ne l'a plus quitté. Il est nostalgique de cette époque où le football était encore une fête.

Est-ce que vous vous souvenez du premier match auquel vous avez assisté à Geoffroy-Guichard ?
« La première fois, on s'en souvient toujours. J'avais 11 ans et demi. C'était contre l'OL, le 10 février 1957. Un derby, mais cela n'avait pas la même connotation que maintenant. C'était convivial et familial. »
Qui vous avait emmené au stade ?
« Des gens de Saint-Étienne qui l'été louaient une maison à côté de ▸▸▸

la ferme de mes grands-parents à Pont-Salomon. Je m'étais fait un copain dont le beau-père était supporter de l'ASSE. »

Vous aviez pris place dans quelle tribune ?

« À l'époque, vous pouviez aller où vous vouliez. À la mi-temps, mais même pendant le match, vous pouviez faire tout le tour du stade. On changeait de côté pour voir les buts des Verts de plus près. »

À quoi ressemblait Geoffroy-Guichard ?

« Les gradins étaient en terre. Les ouvriers les réalisaient à la pelle et à la pioche, avec des traverses de chemin de fer pour tenir la terre. Le stade était entouré d'usines, avec ces grandes cheminées qui dominaient. Grâce à la métallurgie notamment, mais aussi de nombreux autres savoir-faire, Saint-Étienne était l'une des villes industrielles les plus importantes de France. »

> « À partir du premier titre de champion de France, je n'ai plus quitté Geoffroy-Guichard »

Qu'est-ce qui vous a plu ?

« Je suis tout de suite tombé dedans. L'ambiance était très populaire. Pour moi qui venais de la campagne, cela ressemblait à une grande kermesse. Il y avait beaucoup de couleurs. De nombreux supporters étaient des mineurs, dont une partie de ma famille. La semaine, ils descendaient au fond de la mine, travaillaient 55 à 60 heures, avec des vêtements tout noirs, pleins de poussière, et le dimanche, ils se métamorphosaient et mettaient le costume. Ceux qui étaient catholiques allaient d'abord à la messe le matin puis au stade l'après-midi avec la casquette ou le chapeau. Ils poussaient leur équipe : "Allez les gars." Si les Verts ne couraient pas trop, ils leur disaient : "À la mine." C'était la grande époque. »

On vous sent ému ?

« Je suis nostalgique. C'était la fête. Les spectateurs amenaient le casse-croûte, la bouteille de vin. Sympa.

La Tribune
Quotidien Républicain d'Information
Lundi 20 mai 1957
15 Fr.
Du Centre et du Sud-Est
L'A.S. SAINT-ÉTIENNE en battant Rennes (2-0) confirme brillamment son titre de champion
Sports
Les Stéphanois ont su jouer en grands champions devant les Rennais battus par 2-0
La Ligue du Lyonnais a décidé de porter à 14 le nombre des clubs en division d'honneur
Le Montbrisonnais Faure vainqueur à Rozier-en-Donzy
De notre envoyé spécial F. Terrier
Kumor enlève le 7 Prix Rosier
120 athlètes ont participé aux championnats U.F.O.L.E.P. de la Haute-Loire
Pour les VERTS, hip, hip, hip !...

Le premier titre de champion de France célébré dans la presse

Aujourd'hui les supporters visiteurs sont parqués. Cela me rend triste. »

Votre histoire d'amour avec l'ASSE et Geoffroy-Guichard a donc commencé par un derby.

« Oui, et une victoire. Rachid Mekloufi marque le premier but (4e), Kees Rijveers le second (17e) et Eugène N'Jo Léa le troisième (60e). L'ASSE s'impose 3-2 et, à la fin de la saison 1956-1957, elle remporte le premier titre de champion de France de son histoire. À partir de ce moment-là, je n'ai plus quitté Geoffroy-Guichard. J'assistais à tous les matchs avec mon ▸▸▸

Comme beaucoup de supporters, Roland Romeyer a connu toutes les émotions à Geoffroy-Guichard. Photo *Le Progrès* / Rémy Perrin

Le public en 1953. Archives *Le Progrès* / Charly Minassian

père et des copains. C'était un peu comme si on allait à l'église. Il faut se remettre dans le contexte de l'époque. Il n'y avait pas toutes les distractions d'aujourd'hui. »

Quelles images vous ont le plus marqué ?

« Lors des grands matchs, je me rappelle des supporters qui montaient sur les pylônes et les toitures. De vrais acrobates. C'était impressionnant. J'ai tout connu à Geoffroy-Guichard, des ambiances extraordinaires comme contre Split (1974), le Bayern (1969 et 1975) ou même Nantes en Coupe de France ; et d'autres plus tristes lorsque Manchester United a joué à Saint-Étienne en septembre 1977. Les hooligans anglais, avec des couteaux, étaient venus pour se battre. En bas des gradins derrière les cages, il n'y avait pas de retenue. Cela a été ajouté après ce match. La tradition voulait que les grands laissent la place aux enfants juste devant, contre les grillages pour qu'ils puissent mieux voir. Afin de se protéger, certains spectateurs ont sauté par-dessus les grillages pour venir se réfugier sur le terrain. Le lendemain, j'étais retourné au stade, il y avait des chaussures partout. On a eu de la chance qu'il n'y ait pas de mort. »

« Tu partages, tu communies avec les personnes qui sont à côté de toi »

Vous regrettez les gradins debout dans les kops ?

« Oui, ça me manque. C'est ma jeunesse. Tu partages, tu communies avec les personnes qui sont à côté de toi. Après une victoire, tu les embrasses, tu les prends dans tes bras alors que tu ne les connais même pas. C'est magnifique. À l'époque, on était mélangés avec les supporters adverses. Ça se chambrait, mais une fois le match fini, comme ▸▸▸

Le parking du stade bondé dans les années 50. Archives municipales de Saint-Étienne, fonds Léon Leponce / 5 Fi 7508

Au lendemain du match contre Manchester le 14 septembre 1977. Archives *Le Progrès*

on avait sympathisé, ça n'empêchait pas d'aller boire un coup tous ensemble. C'était du foot, un jeu. Cela n'avait pas la même importance que maintenant. Tu joues toujours pour gagner, mais il y avait plus de respect. »

« Le lendemain, j'étais retourné au stade, il y avait des chaussures partout. On a eu de la chance qu'il n'y ait pas de mort »

En quoi ce stade est-il si spécial ?

« Cela vient de son architecture à l'anglaise. On est très proche du terrain et des joueurs. On a même l'impression de pouvoir les toucher. C'est ce qui fait son charme. »

6 NOVEMBRE 1938
OLYMPIQUE DE MARSEILLE

« L'ÉQUIPE DES MILLIONNAIRES » À JAMAIS LES PREMIERS

Promus en première division en 1938, les Verts réalisent un début de saison canon. Et pour son premier match à Geoffroy-Guichard comme leader de D1, l'ASSE bat l'Olympique de Marseille et conserve la tête du championnat.

Le gardien stéphanois René Llense n'encaisse pas de buts face à une attaque marseillaise peu dangereuse. Photo D.R.

Avant de conquérir dix titres de champion de France, il a fallu accéder à la première division et s'installer dans le gratin du football français. Promue en D1 en 1938, l'AS Saint-Étienne réalise un très bon début de championnat, avec des succès probants contre Lille ou Sochaux. Tout sauf un hasard. Car « l'équipe des millionnaires » comme elle est surnommée, héritage de la politique de recrutement menée par Pierre Guichard (premier président de l'ASSE de à 1933 à 1943) à partir de 1935, s'est encore renforcée durant l'été : Jean Snella ou encore René Llense, l'un des meilleurs gardiens d'avant-guerre, arrivent dans le Forez. « La mayonnaise prend bien », retrace Philippe Gastal, historien de l'AS Saint-Étienne et conservateur du musée des Verts. Et lors de la 10e journée, l'ASSE reçoit à Geoffroy-Guichard pour la première fois en tant que leader de première division. L'Olympique de Marseille, l'une des meilleures ▸▸▸

Lors d'un Marseille-Saint-Étienne, en match amical, le 14 août 1938. Debout de gauche à droite : Pierre Marey (directeur sportif), François Odry, Jean Snella, Arsène Casy, René Llense, Roger Rolhion, Joseph Biechert, Karl Humenberger. Assis de gauche à droite : Roger Pasquini, Ignace Tax, Yvan Beck, Karel Hes, Lucien Roux. Photo D. R.

formations de l'époque, se présente dans un stade alors surplombé par les cheminées industrielles et doté de deux tribunes. Une première grande affiche nationale qui sourit aux Verts.

Premier grand rendez-vous national

« Pour la réception de l'OM, on bat le record de spectateurs avec 16976 personnes et le record de recettes avec 146162 francs, relate Philippe Gastal. Et on conserve la place de leader de D1 pour la première fois à Geoffroy-Guichard. » Les Stéphanois s'imposent dans ce choc grâce à un but à la 84e minute d'Ignace Tax (1-0) qui a d'ailleurs donné son nom à l'une des allées qui mènent aujourd'hui à l'antre des Verts.

Mais le spectacle fut plus en tribunes que sur le terrain compte tenu de l'engouement autour du match, qui attire jusqu'à la radiodiffusion nationale, et du faible contenu proposé par les deux équipes. « De part et d'autre, des attaques incomplètes parurent incapables de s'imposer à des défenseurs ardents, adroits et décidés », résume la presse locale de l'époque. L'ASSE ne gâche en tout cas pas la fête, conclue par un vin d'honneur dans les locaux du club. « L'équipe des millionnaires » commence à écrire l'histoire.

LA FICHE TECHNIQUE

À Geoffroy-Guichard, le 6 novembre 1938 (10e journée D1), l'ASSE bat l'Olympique de Marseille, 1-0 (mi-temps : 0-0).

Affluence : 16976 spectateurs.

Arbitre : M. Bouture.

Buts : Ignace Tax (84e minute) pour l'ASSE.

ASSE : Llense, Gardet, Rolhion, Snella, Odry, Rich, Pasquini, Tax, Cabanes, Hes, Roux. Entr. : Thomas Duckworth.

OM : Vasconcellos, Patrone, Henri Conchy, Olej, Bruhin, Gonzales, Zermani, Ben Barek, Max Conchy, Aznar, Dard. Entr. : Willy Kohut et André Gascard.

20 OCTOBRE 1945
LILLE OLYMPIQUE SC

LA PREMIÈRE COURSE AU TITRE DES VERTS

Ce match contre Lille annonce l'ambition des Stéphanois. Dans un stade «archicomble», les Verts renversent l'équipe qui sera sacrée championne de France en fin de saison.

Antoine Cuissard (à gauche) et René Alpsteg. Photos D. R.

Nous sommes le 20 octobre 1945. Le stade Geoffroy-Guichard d'une capacité de 15000 places accueillait 19697 spectateurs et était déjà chaud bouillant. Le taux de remplissage affiche alors 131 %, chose impensable aujourd'hui. « C'est le record de spectateurs de l'époque avec près de 20000 spectateurs payants. Geoffroy-Guichard était plein à craquer. À cette époque, il y avait encore la piste d'athlétisme et il n'y avait que deux tribunes. Tous les supporters étaient autour, debout ou sur des chaises », souligne Philippe Gastal, conservateur du musée des Verts et historien du club. En 1945, les Verts n'ont encore jamais été champions et ne se sont pas encore mêlés à une course au titre. Cette saison-là, ils sont justement à la lutte avec Lille pour remporter leur premier titre de champion : « Lille était la grande équipe d'après-guerre ». Menés 1 à 0 à la pause, les Verts montrent déjà qu'ils savent renverser les situations. Avec des buts de Brusseaux et Alpsteg par deux fois, les Verts l'emportent 3 à 1. « René Alpsteg était un ▸▸▸

international, un des plus grands attaquants de l'époque. Connu ensuite comme l'entraîneur de Nîmes, on oublie souvent que Kader Firoud a joué avec l'ASSE et que c'était un super joueur. Il y avait aussi Guy Huguet, le patron derrière, Canass Rodriguez, un sacré attaquant, mais surtout Antoine Cuissard. Ce dernier était considéré, de 1945 à 1952, comme le joueur français numéro un. Un joueur polyvalent, brillant avec une classe naturelle évidente », précise Philippe Gastal. Une rue aux abords du stade Geoffroy-Guichard porte d'ailleurs le nom de ce joueur qui a également marqué l'histoire du FC Lorient.

20 000 spectateurs payants, un record

Mais en face aussi il y a du beau monde : « Somerlinck et Baratte étaient des joueurs exceptionnels. » Et au match retour, les Lillois ne feront pas de cadeau aux joueurs d'Ignace Tax et écrasent les Stéphanois 8 à 0. « Les Verts ont failli être les premiers champions d'après-guerre, mais ils terminent finalement deuxièmes du championnat. » Il faudra attendre 1957 pour que l'ASSE décroche son premier titre de champion de France.

L'équipe de la saison 1945-1946, debout de gauche à droite : Abdelkader Amar, Arsène Casy, Aridex Calligaris, Charles Davin, Antoine Cuissard, Jean Snella. Assis de gauche à droite : René Alpsteg, Jean Lauer, Joseph Rich, Abdelkader Firoud, Athanasio Rodriguez. Photo D. R.

LA FICHE TECHNIQUE

À Geoffroy-Guichard, le 20 octobre 1945 (9e journée saison 1945-1946 de Première division, nommée division nationale), l'ASSE bat Lille 3 à 1 (mi-temps : 0-1).

Affluence : 19 697 spectateurs (stade d'une capacité de 15 000 places).

Arbitre : M. Vicenti.

Buts : Brusseaux (55e), Alpsteg (58e et 88e) pour l'ASSE ; Tessier (8e) pour Lille.

ASSE : Davin, Amar, Gardet, Huguet, Firoud, Cuissard, Rich, Brusseaux, Scalon, Rodriguez, Alpsteg. Ent. : Ignace Tax.

Lille : Witkowski, Grimonpont, Jadrejak, Bourbotte, Stefaniak, Prévost, Somerlinck, Dubreucq, Baratte, Tessier, Lechantre. Ent. : George Berry.

LES SPORTS

LE TRIOMPHE DE LA VITESSE

SAINT-ETIENNE bat LILLE 3 à 1

Plus de 20.000 spectateurs ont applaudi à cette victoire

Dès 12 heures, une foule enthousiaste s'achemine vers le stade Geoffroy-Guichard. Les trams sont pris d'assaut. Aux abords du stade une file de véhicules soulève un nouage de poussière Les contrôleurs sont débordés. Les tribunes sont pleines a craquer. Tous les records sont battus puisqu'on enregistre une recette de 710.750 francs pour 19.151 entrées payantes.

Il fait un temps superbe, et le soleil gênera considérablement les joueurs. Dans la tribune d'honneur, nous remarquons M. Monjauvis, préfet de la Loire, et M. Durbas, inspecteur départemental aux Sports.

Le film de la partie

A l'appel de l'arbitre, M. Vincenti ...

... passe à l'aile droite et Sommerlinck à l'arrière.

Dubreucq rate d'un cheveu l'égalisation.

Le jeu se ralentit, seul Cuissard joue toujours à la même cadence. Il arrête une dangereuse descente de Lechantre.

Firoud tire au-dessus de 30 mètres. Witowski est obligé d'intervenir plusieurs fois, ce qu'il fait avec brio.

Davin, à son tour, pare un timide essai de Baratte, puis, sur une dangereuse descente de Dubreucq, dégage du pied.

Une attaque de Saint-Etienne est arrêtée par hors-jeu de Brusseaux

Seize coups francs furent sifflés contre Lille et onze contre Saint-Etienne

Lille présenta une équipe solide. L'ab... sence de Bihel se fit lourdement senti...

Le gardien Witowski est à créditer d'u... bon match, son dégagement fit impres... sion. Les arrières sont bons sur l'hom... me, mais leurs dégagements ne sont pa... très nets. La ligne de demis est le poi... fort de l'équipe. Stéphaniack, au centr... fut, malgré tout, éclipsé par son vis-à-vis. Bourbotte n'a rien perdu de ses q... lités et Prévost nous a fait grosse ... pression.

Dans la ligne d'avant, l'ailier gau... Lechantre fut le meilleur, et Gardet n... pas la partie belle. Avec lui citons T... sier, qui marqua un joli but.

Saint-Etienne doit sa victoire à s...

Dans *Le cri du peuple* du lendemain.

25 SEPTEMBRE 1957
GLASGOW RANGERS

PREMIÈRE EUROPÉENNE : UNE FÊTE AU GOÛT AMER

L'ASSE a disputé la coupe d'Europe pour la première fois de son histoire. Au match retour à Geoffroy-Guichard, les Verts ont été tout proches de l'exploit.

Le décor à la Zola les fascine autant qu'il les étonne. En ce 25 septembre 1957, une centaine de journalistes découvrent, pour la plupart, Saint-Étienne. Dans leur esprit, la cité est dessinée par des usines, fonderies et chevalets de mine. C'est pourtant le football qui les a conduits jusque dans la Loire. Car ce jour-là, les manufactures sont quasi désertes. La chambre syndicale patronale du département a recommandé aux patrons de donner la possibilité à leurs ouvriers de prendre leur après-midi pour assister à un moment d'histoire. Dépourvu d'éclairage installé huit ans plus tard, le Chaudron accueille, à 16 h 30, le premier match de coupe d'Europe de l'ASSE, champion de France en titre, face à la grande équipe des Glasgow Rangers. Sous une chaleur étouffante, 29 517 personnes se massent dans les gradins, déboursant entre 300 et 1 000 francs, une somme considérable à l'époque. Elles n'auraient manqué pour rien au monde cette fête populaire, les hymnes nationaux, le coup d'envoi fictif donné par le cycliste ligérien Roger Rivière et, surtout, un match sublime d'une intensité rare au dénouement tragique que Jean Oleksiak n'aurait pas dû disputer. « À l'époque, j'étais militaire et je me trouvais dans le Sud-Ouest, se souvient, à 87 ans, le premier buteur stéphanois en coupe d'Europe sur le sol ligérien (1-0, 10e). Jean Snella m'a appelé pour me demander de rentrer absolument. J'étais très content d'autant que comme j'étais militaire, je n'étais pas souvent titulaire. » Malgré une pléiade d'occasions notamment en première période et un penalty de Mc Coll repoussé majestueusement par Abbes (80e) sous une pluie de cailloux jetés depuis les tribunes, l'ASSE, vainqueur grâce à Ferrier (2-1), est éliminée après son revers à l'aller (3-1). « On n'était pas catastrophés mais très déçus », se rappelle Jean Oleksiak, néanmoins « très fier » du match livré. Lui et ses partenaires ont de quoi, laissant une trace indélébile dans la légende des Verts.

Une fête populaire, un match sublime

Jean Oleksiak, premier buteur de l'ASSE en coupe d'Europe à Geoffroy-Guichard en 1957. D.R.

Reportage de lendemain de match dans *La Tribune*

LA FICHE TECHNIQUE

À Geoffroy-Guichard, le 25 septembre 1957 (16e de finale retour de coupe d'Europe des clubs champions), l'ASSE bat les Glasgow Rangers 2 à 1 (mi-temps 1-0).

Affluence : 29 517 spectateurs.

Arbitre : M. Assmunsen.

Buts : Oleksiak (10e), Ferrier (87e) pour l'ASSE ; Wilson (71e) pour les Glasgow Rangers.

ASSE : Abbes, M. Tylinski, R. Tylinski, Wicart, Domingo, Ferrier, Goujon, Mekloufi, N'Jo Léa, Oleksiak, Lefèvre. Entr. : Jean Snella.

Glasgow Rangers : Ritchie, Shearer, Valentine, Caldow, Mc Coll, Miller, Scott, Simpson, Murray, Baird, Wilson. Entr. : Scot Symon.

Billet du premier match de l'ASSE en coupe d'Europe.
Coll. Part. Philippe Gastal

1er OCTOBRE 1969
BAYERN DE MUNICH

LA PREMIÈRE REMONTADA EUROPÉENNE DES VERTS

Le 1er octobre 1969, l'ASSE réalise son premier grand exploit européen contre le Bayern. Défaits 2-0 au match aller, les Stéphanois finissent par éliminer les Allemands en 16e de finale de la Coupe d'Europe des clubs champions grâce à une victoire 3-0.

Hervé Revelli (au premier plan à gauche) bute sur Sepp Maier, auteur d'un grand match malgré trois buts encaissés. Archives *Le Progrès*

« Les fameuses remontadas, on a peut-être commencé à cette époque. » Bien avant l'exemple contemporain du FC Barcelone contre le PSG, Hervé Revelli rappelle que l'AS Saint-Étienne a inauguré ces retours fracassants sur la scène européenne. La première des Verts est marquée au fer rouge, en 16e de finale de la Coupe d'Europe des clubs champions. Le 1er octobre 1969, les joueurs d'Albert Batteux renversent le Bayern Munich à Geoffroy- ▸▸▸

Guichard 3-0, après s'être inclinés en Allemagne au match aller 2-0. Le premier grand exploit européen du club.

« Le Chaudron à l'époque, ça voulait dire que les équipes qui venaient, on les mettait à bouillir », s'amuse le meilleur buteur de l'histoire de l'ASSE. Pour ce 16e de finale retour, les Verts sont dos au mur. Dominés à l'aller, ils sont condamnés à l'exploit face à l'un des favoris de la compétition. « On était partis pour, il ne fallait pas se poser de questions, confie Hervé Revelli. Dans le couloir, on ne les a même pas regardés. »

> « Les équipes qui venaient dans le Chaudron, on les mettait à bouillir »

Dans la presse des 2 et 3 octobre 1969.

Le stade est déjà bien rempli deux heures avant le coup d'envoi. Une ambiance qui « impressionne les adversaires ». C'est alors que le scénario idéal se dessine. Hervé Revelli ouvre le score dès la première minute de jeu. Après un corner dévié de la tête par Robert Herbin, opportuniste, il reprend au second poteau d'un retourné peu académique. « Ça relance tout, il ne reste plus qu'un but à remonter », rejoue le natif de Verdun. Les Stéphanois sont transformés devant un public « qui n'a pas cessé une seconde de nous encourager ».

Les occasions se multiplient sur les cages de Sepp Maier qui retarde l'échéance. « Je n'ai pas reconnu mon équipe… ni celle de Saint-Étienne », expliquait l'entraîneur bavarois Branko Zebec dans les colonnes de *La Tribune-Le Progrès* après la rencontre. L'introduction d'Herbin au milieu, auteur d'un match sensationnel, et de Samardzic en attaque par rapport au match aller bonifie le jeu des Verts. Privés de ballons, Beckenbauer et ses coéquipiers se contentent de défendre. Jusqu'à la libération : Revelli fait de nouveau sauter le verrou allemand avec un deuxième but (63e), en mode renard des surfaces de la tête.

Le Bayern sent le danger et parvient à se procurer quelques occasions. Mais Salif Keïta, de la tête sur l'un des 14 corners qu'aura obtenus l'ASSE, offre une victoire écrasante et la qualification à tout un peuple (80e). L'histoire européenne de Saint-Étienne est lancée.

LA FICHE TECHNIQUE

À Geoffroy-Guichard, le 1er octobre 1969 (16e de finale retour de la Coupe des clubs champions), l'ASSE bat le Bayern 3-0 (mi-temps : 1-0).

Affluence : 33 716 spectateurs.

Arbitre : M. Krnavek.

Buts : Hervé Revelli (1e et 63e) et Salif Keïta (80e) pour l'ASSE.

ASSE : Carnus, Durkovic, Mitoraj, Bosquier, Camérini, Broissart, Herbin, Samardzic, Hervé Revelli, Keita, Bereta. Entr. : Albert Batteux.

Bayern : Maier, Koppenhoffer, Beckenbauer, Schwarzenbeck, Pumm, Ohlhauser, Roth, Schmidt, Michl, Muller, Brenninger. Entr. : Branko Zebec.

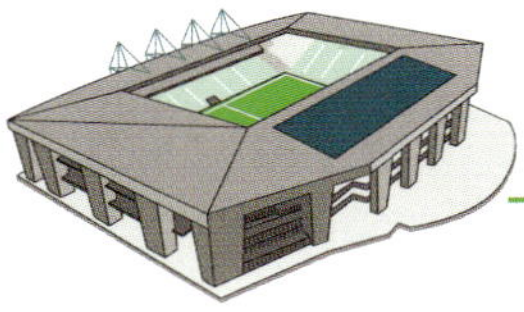

18 OCTOBRE 1970
OLYMPIQUE DE MARSEILLE

UNE VICTOIRE DE PRESTIGE AVANT UNE SAISON CHAOTIQUE

Auteure d'un magnifique doublé la saison précédente, l'ASSE reçoit, en match retard, l'OM. Son principal concurrent pointe devant elle à un point. Victoire obligatoire. Près de 40 000 spectateurs offrent une ambiance incroyable.

Deux légendes : Albert Batteux et Salif Keita. Archives *Le Progrès* / Jean-Louis Dubois

C'est la fièvre au stade Geoffroy-Guichard autour des deux meilleures équipes du championnat.
C'est aussi le match des étoiles, le duel de coachs, Albert Batteux chez les Verts, Mario Zatelli pour l'OM. Keita et Skoblar se disputent déjà le titre de meilleur buteur. Le premier sera le premier Ballon d'or africain et le second aura le titre avec 44 buts contre 42 pour son adversaire de ce soir-là.
Forcément, l'intensité est au rendez-vous, l'ambiance aussi. Près de 40000 spectateurs sont là, 10000 Marseillais ont fait le déplacement. C'est le match reporté de la 5e journée et un point sépare le premier, Marseille, du second, Saint-Étienne, qui ne devait pas perdre ce match.
Les Verts vont au charbon et si Keita rate un penalty, c'est Jean-Michel Larqué qui « caviardise » Robert Herbin pour l'ouverture du score d'une superbe frappe croisée dans la lucarne. C'est son premier but de la saison, la foule exulte ! C'était sans compter sur l'abnégation de Marseille et de la magnifique efficacité de son buteur, Skoblar, qui égalise. L'OM de Magnusson devra s'incliner, malgré plusieurs occasions, par le premier but du plus jeune joueur des Verts, Sarramagna, à la 68e… exceptionnellement du pied droit !
Champions en titre, les Verts pensent alors surfer sur leur doublé de la saison précédente où ils avaient aussi battu Marseille 2-1 à Geoffroy-Guichard, mais c'est bien l'OM qui sera champion de France, avec quatre petits points d'avance après 34 journées, même si en mars 1971 au retour, les Verts sont allés arracher le nul (2-2). Mais cet après-midi d'octobre 1970, la fête est belle et la foule est en délire après cette victoire de prestige face à l'ennemi numéro un, Marseille. La fin de saison sera tendue avec les départs de Georges Carnus et Bernard Bosquier.

Premier but de la saison de Robert Herbin

LA FICHE TECHNIQUE

À Geoffroy-Guichard, le 18 octobre 1970, match en retard du championnat de première division, l'ASSE bat l'OM 2-1 (mi-temps : 1-1).

Affluence : 36 147 spectateurs.

Buts : Herbin (16e), Sarramagna (68e) pour l'ASSE ; Skoblar (38e) pour l'OM.

ASSE : Carnus, Durkovic, Bosquier, Camérini, Farison, Herbin, Larqué, Parizon, Keita, H. Revelli, Sarramagna.

OM : Escale, Lopez, Hodoul, Zwunka, Kula, Novi, Leclercq, Magnusson, Bonnel, Skoblar, Couécou (puis Loubet, 76e).

La fièvre au stade vue de haut ce 18 octobre 1970. Photo Alain Bernard-Abou

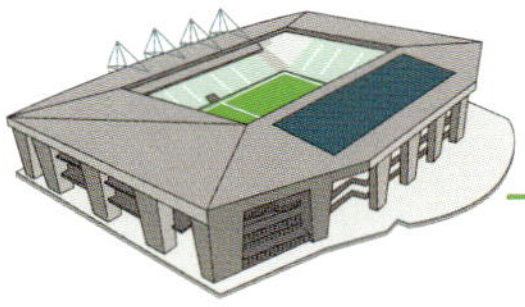

6 NOVEMBRE 1974
HAJDUK SPLIT

LE DÉBUT DE L'ÉPOPÉE DANS UN STADE DEVENU CHAUDRON

Battus 4-1 au match aller, les Verts s'imposent 5-1, grâce notamment à un doublé d'Yves Triantafilos et à un but de Jean-Michel Larqué. Le capitaine emblématique de l'ASSE revient sur ce match qui signe le début de l'épopée européenne.

« Se serrer les coudes et être solidaires, des valeurs qui correspondent à l'ASSE », rappelle Jean-Michel Larqué. Ce soir-là, elles ont permis aux Verts de déjouer tous les pronostics. Archives *Le Progrès*

Saint-Étienne face à Split, c'est d'abord un match aller cauchemardesque. « Il y a eu deux paramètres contre nous. Le premier est le temps. Il avait plu des trombes d'eau et le terrain était impraticable. Le deuxième est l'arbitre de cette rencontre. Ce qui s'est passé sur le plan de l'arbitrage à Split est scandaleux », peste encore Jean-Michel Larqué. Le sauveur du match retour, Yves Triantafilos, ne veut pas remettre la faute uniquement sur les erreurs d'arbitrage. « Quand on en prend quatre, il n'y a pas que l'arbitrage... », a-t-il confié dans nos colonnes en 2017.

Dans les vestiaires, quelques minutes avant le match retour, l'atmosphère mêle doutes et ambitions, comme le raconte Jean-Michel Larqué : « Dès la fin du match aller, on a pensé au match retour et à l'idée de prendre notre revanche. Mais à l'époque, Hajduk Split comptait la moitié de l'équipe de Yougoslavie. C'était une énorme équipe, un gros morceau. On savait que ça n'allait pas se renverser comme ça, qu'il faudrait s'employer et mettre du rythme. »

Les Verts trouvent rapidement le bon tempo et les bons ingrédients pour renverser une montagne : « Je marque le premier but (36e), mais le chemin est encore long. » Jovanic égalise à la 60e : « On a pris un but. C'était une pierre de plus dans notre jardin. » Mais les Verts n'ont pas le temps de douter. Bathenay redonne l'avantage à la 61e. Les joueurs de Robert Herbin doivent encore marquer par deux fois pour espérer jouer la prolongation. L'exploit semble encore bien loin. Mais quand Bereta transforme un penalty à la 71e, tout devient alors possible. « Petit à petit ils se sont affolés. On a réussi à leur faire perdre les pédales », savoure Jean-Michel Larqué.

Entre alors Triantafilos. Quelques minutes après (82e), il marque le but qui envoie les deux équipes jouer la prolongation. « Ce but c'est celui de l'espoir de se qualifier. Le but de la délivrance, c'est le cinquième », explique celui qui est surnommé Tintin. Car là encore, c'est lui qui s'en charge, sur coup franc : « Larqué et Bereta étaient carbonisés. Bereta m'a décalé et j'ai donné le coup de grâce. » Triantafilos ▶▶▶

délivre tout un stade, devenu Chaudron ce soir-là : « L'enthousiasme du public nous a aidés. Il y avait une ambiance fantastique. »

Tête d'Yves Triantafilos, rentré peu avant, qui marque à la 82e minute : « Les Verts ont réussi l'mpossible exploit » titre La Tribune-Le Progrès du lendemain. Archives *Le Progrès*

«Ce match fait partie de la légende du club»

Ce retournement de situation incroyable a été un véritable déclic : « C'est le début de l'épopée européenne. Jusque-là, on était un peu timides en coupe d'Europe. Ça nous a montré qu'on était capable de rivaliser avec les plus grandes équipes. Ce match nous a beaucoup aidés. En championnat, on nous craignait un peu plus. Après, on a connu beaucoup de renversements de situations dans le Chaudron. » Pour Jean-Michel Larqué, le début de l'épopée remonte un peu plus loin : « Quelques années auparavant, l'ASSE avait battu le Bayern de Munich (*en octobre 1969, NDLR*) et cela avait décomplexé le club. Ce sont les anciens qui ont posé la première pierre. » Cette remontada fantastique face à Split fait partie de la grande histoire de l'ASSE et du stade Geoffroy-Guichard. « Tout le monde a vu ce match alors qu'il n'était pas télévisé. Il fait partie de la légende du club », s'amuse Jean-Michel Larqué.

L'ASSE de haut en bas et de gauche à droite : Ivan Curkovic, Gérard Janvion, Osvaldo Piazza, Christian Lopez, Pierre Repellini, Patrick Revelli, Jean-Michel Larqué, Hervé Revelli, Georges Bereta, Christian Synaeghel, Dominique Bathenay. Archives *Le Progrès*

« VOUS AVEZ DIT CHAUDRON ? »

C'est au cours de la saison qui a suivi la rencontre que les journalistes ont surnommé l'enceinte sportive, le « Chaudron ». La fusion entre le peuple vert et les joueurs a tellement été forte, l'ambiance tellement bouillante que le surnom était tout trouvé. Une manière de poursuivre l'histoire : les archives municipales de la ville de Saint-Étienne rappellent que les premiers matchs se font sous des nuages de fumée, le stade étant entouré de nombreuses usines…

LA FICHE TECHNIQUE

À Geoffroy-Guichard, le 6 novembre 1974, 8e de finale retour de la Coupe d'Europe des clubs champions, l'ASSE bat Hajduk Split 5-1 (a.p.).

Affluence : 26 381 spectateurs.

Arbitre : M. Patterson (Écosse).

Buts : Larqué (36e), Bathenay (61e), Bereta (71e), Triantafilos (82e, 104e) pour l'ASSE ; Jovanic (60e) pour Split.

ASSE : Curkovic, Janvion (Santini 92e), Piazza, Lopez, Repellini (Triantafilos 79e), Bathenay, Larqué, Synaeghel, Patrick Revelli, Hervé Revelli, Bereta. Ent. : Robert Herbin.

Hajduk Split : Meskovic, Kurtela, Buljan, Dzoni, Rozic, Boljat, Muzimic, Jovanic (Luketin 85e), Zungul (Salov 104e), Jerkovic, Surjak. Ent. : Tomislav Ivic.

3 MAI 1975
OLYMPIQUE DE MARSEILLE

UN KO POUR UN TITRE

Ce match ASSE-OM sera dans la lignée des grandes confrontations entre les deux clubs. Herbin pourra compter sur Larqué, le sommet se jouera avec les deux équipes au complet. Les Stéphanois seront champions de France.

C'est dans une ambiance européenne que les 36521 spectateurs applaudissent le néo-Marseillais, Georges Bereta… « Je vais jouer décontracté, je ne risque qu'une chose, être champion de France avec Saint-Étienne ou Marseille », plaisantait-il la veille du match, lui qui a été transféré à l'OM à la 13e journée…

Saint-Étienne vient d'aller chercher le nul au parc des Princes face au PSG (2-2) tandis que Marseille, en battant Nantes (2-1) se rapproche à un petit point des Verts, leaders. Voilà pour le décor. Quant au match, il sera fidèle à ce qu'était l'ASSE à cette époque : un rouleau compresseur que Georges Bereta aimait à comparer à l'Ajax d'Amsterdam. La première mi-temps fut laborieuse pour les Verts avec une transversale de Sarramagna après une occasion de Synaeghel… Mais c'est bien l'OM par l'inévitable Paulo César qui ouvre la marque (18e) sur sa première occasion. Un mal pour un bien car l'ASSE repart de l'avant et égalise par Patrick Revelli face à une défense bien trop relâchée. Si l'ASSE domine, Charrier est rarement en danger, même le nul est préservé à la pause.

Trois buts en cinq minutes, l'OM est KO

Bientôt la foudre allait tomber. En cinq minutes, l'OM va être mis KO… Premier coup à la 65e avec à la conclusion Christian Lopez après un tir sur le poteau de Patrick Revelli. Charrier avait repoussé avant que Lopez sonne la révolte. Deux minutes plus tard, Jean-Michel Larqué fait une course de plus de 30 mètres, efface Marius Trésor – qui sera « charrié » par le public par des « Merci Marius » – et bat Charrier ! Ce n'est pas fini, à la 70e, Bathenay, seul, ajuste Charrier et fait trembler les filets de l'OM. Trois buts en cinq minutes, la victoire est signée, le titre pratiquement acquis après cette 36e journée.

Le public ne s'y trompe pas et demande un tour d'honneur à ses héros. Les maillots volent dans les tribunes, le stade est en ébullition, la ville en fête, l'ASSE est championne de France.

LA FICHE TECHNIQUE

À Geoffroy-Guichard, le 3 mai 1975, 36e journée du championnat, l'ASSE bat l'OM 4-1 (mi-temps : 1-1).

Affluence : 36521 spectateurs.

Arbitre : M. Wurtz.

Buts : P. Revelli (27e), Lopez (65e), Larqué (67e), Bathenay (70e) pour l'ASSE ; César pour l'OM.

ASSE : Curkovic, Janvion, Piazza, Lopez, Farison, Larqué, Bathenay, Synaeghel (puis Santini, 73e), P. Revelli, H. Revelli, Sarramagna.

OM : Charrier, Lemée, Zvunka, Trésor, Bracci, Buigues, Eo, Bereta, Emon, Jairzinho, Paulo César.

Georges Bereta ici derrière le Brésilien Jairzinho a reçu un accueil glacial pour être passé chez l'ennemi marseillais durant la période hivernale. Difficile pour lui de jouer contre son ancienne équipe. Archives *Le Progrès* / Charly Minassian

17 MARS 1976
DYNAMO KIEV

KIEV, DÉCLENCHEUR DE LA LÉGENDE

Le match retour des quarts de finale de Coupe d'Europe sera le catalyseur de l'épopée stéphanoise. Grâce à une incroyable action de 12 secondes, du sauvetage de Lopez au but d'Hervé Revelli qui va permettre aux Verts de renverser les Ukrainiens (3-0).

Dominique Rocheteau en action. Archives *Le Progrès*

À quoi tient la légende ? À un fil. Au péché d'orgueil d'un Ballon d'or, à l'envie d'y croire d'un jeune défenseur et à l'adresse du buteur. Ce soir du 17 mars 1976, Geoffroy-Guichard fait subitement silence. Figé par la peur du grand vide, muet après avoir tant poussé les siens dans un vacarme étourdissant, vers un exploit qui se refuse à eux.

Le Dynamo Kiev, vainqueur du quart de finale aller 2-0 – alors que les Ukrainiens auraient pu punir bien plus sévèrement les Stéphanois –, défend son avantage sereinement. Jusqu'à ce scénario renversant de la 64e minute. Il s'écoulera 12 secondes entre l'hésitation coupable d'Oleg Blokhine, qui tarde à glisser le ballon à Onitchenko seul face à Curkovic, le sauvetage désespéré de Lopez et le but d'Hervé Revelli. Douze secondes qui vont faire de l'action mythique le summum de la folie verte. Son héroïque libéro en est persuadé. « Certainement que sans mon geste, il n'y a pas d'épopée. Si on avait encaissé un troisième but là-dessus, ça serait devenu très compliqué. On au-

La Tribune LE PROGRÈS

JOURNAL RÉPUBLICAIN QUOTIDIEN

SAINT-ÉTIENNE

1,20 F

JEUDI 18 MARS 1976

16 conseils généraux enlevés par l'opposition qui contrôle 42 assemblées départementales sur 94

HAUTE-LOIRE : M. J.-Cl. Simon (R.I.) réélu président

ALLIER

LOIRE

HAUTE-LOIRE

La réforme HABY RESPONSABILITÉS ACCRUES POUR LES LYCÉENS

LES ÉTUDIANTS MANIFESTENT DANS PLUSIEURS UNIVERSITÉS

SAINT-ÉTIENNE ÉPOUSTOUFLANT BOUSCULE KIEV (3-0)

et se qualifie pour les demi-finales

Lire en rubrique sportive les commentaires et échos de Gérard Simonian, Roger Guillin et Raymond Rousset

Patrick Revelli européen

Des Ukrainiens en colère

Les Stéphanois unanimes : «Et maintenant le Réal ?»

Mijanic : « Saint-Étienne presque comme Mœnchengladbach »

Nantes au complet pour accueillir Saint-Étienne

Les tombeurs de Kiev

Nos informations en pages sportives

Après la victoire sur Kiev.

LOPEZ : « UN GESTE DE SAUVETAGE PUR ET DUR »

Christian Lopez a fait du tacle un art. Et une marque de fabrique. Mais ce soir de mars, c'est « un geste de sauvetage pur et dur, le plus marquant » de sa carrière, qui le propulse dans la lumière, poussé sans doute « par ce public qui nous obligeait à aller au-delà de nous-mêmes ». « Il y a un corner pour nous et on se fait prendre en contre. Il faut sentir le coup. Je reviens, mais je me fais éliminer par Blokhine. Il me met cinq à six mètres. Ça se joue à un millième de seconde, mais je me dis de ne pas lâcher. Et là, je vois qu'il me regarde, qu'il fait le beau. Je comprends qu'il va vouloir me crocheter. Je fais semblant de tomber dans son piège. S'il fixe Ivan (Curkovic) et la donne à Onitchenko, c'est fini. Et je le contre. Le ballon me retape le pied gauche, je dégage du pied droit et ça retombe sur Osvaldo (Piazza) qui remonte le terrain. » On connaît la suite. L'action marquera à vie le joueur et l'entraîneur qu'il deviendra. « J'ai toujours répété à mes équipes de ne jamais renoncer. »

rait sans doute pris un gros coup sur le casque. »
C'est tout l'inverse qui se produit se remémore l'avant-centre, déclencheur de la révolte grâce à ce but du pointu d'une « extraordinaire justesse » sur une remise de son frère

Ce scénario renversant de la 64e minute

Patrick consécutive à la chevauchée de Piazza. « On a reçu une bouffe d'oxygène terrible. Il ne faut pas regarder l'équipe adverse et nous, on l'a regardée parce qu'en face, il y avait des joueurs fantastiques. Là, on s'est réunis pour se congratuler et on s'est dit maintenant, allez les gars, on se lâche ! Tout le monde avait des crampes mais les crampes, c'est d'abord dans la tronche quand on n'est pas bon. »
Le coup franc puissant et placé de capt'ain Larqué, qui remet les deux équipes à égalité, fait office de thérapie. Sarramagna, sorti à la pause, joue les masseurs. Il entend Herbin dire à Rocheteau, épuisé, qu'il va marquer. Roby est un visionnaire. Il refuse de remplacer l'idole. Au bout de l'effort en prolongation, l'Ange vert crucifie Rudakov, d'un contrôle et d'une reprise, sur une incroyable percée côté droit de Patrick Revelli. Le Chaudron est en transe. « Ce succès nous a décomplexés pour la suite, assure l'aîné des Revelli, parce qu'on savait qu'on pourrait faire la différence à Geoffroy-Guichard. » On ne pouvait pas mieux résumer le phénomène vert.

LA FICHE TECHNIQUE

À Geoffroy-Guichard, le 17 mars 1976 (quart de finale retour de la Coupe d'Europe des clubs champions), l'ASSE bat le Dynamo Kiev 3 à 0 a.p. (mi-temps : 0-0).

Affluence : 37 737 spectateurs.

Arbitre : M. Gonella.

But : H. Revelli (64e), Larqué (71e), Rocheteau (112e).

ASSE : Curkovic, Janvion, Piazza, Lopez, Farison, Larqué (Santini 80e), Bathenay, Synaeghel, Rocheteau, H. Revelli, Sarramagna (P. Revelli, 46e). Ent. : Robert Herbin.

Dynamo Kiev : Rudakov, Trochkine, Fomenko, Rechko, Bladrienka, Konkov, Burjak (Damine, 82e), Kolotov, Vieremiejev, Onitchenko, Blokhine. Ent. : Valeri Lobanovski..

« SI TU N'AS PAS LES 11 BONHOMMES SUR LE TERRAIN, TU N'AS PAS LE 12e EN TRIBUNES »

Tour de stade au fil des souvenirs du buteur Hervé Revelli.

Un stade, ce n'est pas que trois montants qui soutiennent des filets de chaque côté de la pelouse. Même pour un buteur, en l'occurrence le plus prolifique de l'histoire de Geoffroy-Guichard. Un stade, c'est aussi une architecture mouvante, des odeurs, des images. Hervé Revelli, 125 réalisations dans le Chaudron sur ses 213 buts en vert (175 en D1, 22 en Coupe de France, 10 en Coupe d'Europe et 6 au Trophée des champions), a connu l'enceinte avec seulement deux tribunes, « les gars qui venaient avec la musette et le canon de vin », sans oublier les fameuses fumées rouges lâchées par les usines juste avant le coup d'envoi le dimanche après-midi. « C'était pour nous dire que les ouvriers étaient avec nous », se souvient le « serial buteur » qui revisite sa vie de terreur des surfaces à domicile.

Est-ce que parmi tous les buts que vous avez marqués à Geoffroy-Guichard, il y en a qui comptent plus que d'autres ?

« Je dis toujours que quand on est buteur, tous les buts comptent. Je sais que c'est facile de répondre ça (rires). Ça dépend de l'importance des matchs, mais aussi d'un moment particulier. Celui que je marque contre Sochaux qui me fait passer la barre des 200 en championnat (avec les 41 marqués avec Nice) a été un grand moment. Il y a eu celui contre Kiev évidemment. Si je ne marque pas, on est mort ! Ça lance le truc. Je peux parler aussi de celui face à Nantes en demi-finale de Coupe de France (5-1 le 14 juin 1977) qui nous qualifie alors qu'il reste 15 secondes à jouer. Ou encore ma tête plongeante dans le derby alors que j'ai une résine au bras (1-0 le 1er novembre 1974). J'en ai marqué des wagons à Geoffroy-Guichard… Maintenant, quand on arrive à 15 buts par saison, on est le roi des buteurs alors qu'à l'époque, si tu n'en marquais pas plus de 20, tu étais bidon. »

> « L'emmerdant chez nous, c'était l'hiver. Il y avait toujours une partie gelée et une partie boueuse »

Et le plus beau ?

« Je dirais celui contre le Bayern en 1969. Le ballon arrive sur Roby (Herbin), il me le remet de la tête et je claque au premier poteau. C'est un but aussi joli qu'important. »

Est-ce qu'il y a un côté du terrain, à cause des repères, qui vous a plus réussi ?

« Non, pas spécialement. L'emmerdant chez nous, c'était l'hiver. Il y avait toujours une partie gelée et une partie boueuse. On était donc obligés de préparer deux paires de chaussures. Quand on jouait du côté glacé, on enlevait la première rondelle de nos crampons en cuir et on avait des clous qui dépassaient, ça accrochait davantage, et à la mi-temps on changeait de paire. Voilà la seule différence pour moi entre les deux cages. On avait la chance de pouvoir s'entraîner une à deux fois par semaine à Geoffroy-Guichard. Par contre, le terrain était très important pour nous. Quand il fallait reboucher les trous, on était toujours présents. C'était notre outil de travail. Et quand il y avait de la neige, on balayait le terrain. On voulait s'entraîner à tout prix. » ▸▸▸

Le 17 mars 1976 contre Kiev. Archives *Le Progrès*

Peut-on parler vraiment d'un 12ᵉ homme à propos du public de Geoffroy-Guichard ?

« Les jeunes joueurs adverses qui arrivaient par le bus et qui voyaient les quatre pylônes éclairés tremblaient ! Le plus impressionnant, c'est quand tu étais dans le tunnel et que ça résonnait. On regardait le bout du tunnel, concentré, sans dire bonjour à l'équipe en face. C'était un tout : nous, on commençait à les impressionner en rentrant sur la pelouse, et les spectateurs finissaient le travail. Même si le public nous conspuait, ce qui arrivait parfois, on avait toujours les ressources pour le retourner. Il suffisait qu'Osvaldo monte une fois, qu'on tire au but et que ça passe juste à côté, et c'était reparti. Il faut donner au public : si tu n'as pas les 11 bonhommes sur le terrain, tu n'as pas le 12ᵉ en tribunes. »

2 MARS 1977
LIVERPOOL FC

« LE STADE ÉTAIT TOUT ACQUIS À NOTRE CAUSE »

Buteur à l'aller comme au retour, Dominique Bathenay, milieu de terrain des Verts, aura été le héros malheureux de ce quart de finale de la Coupe d'Europe des clubs champions. L'ASSE est éliminée.

Dominique Bathenay. Archives *Le Progrès*

Quel souvenir gardez-vous de ce 2 mars 1977 ?

« D'abord une grosse ambiance. Le stade était plein et tout acquis à notre cause. On sentait que les spectateurs avaient beaucoup d'espoirs pour ce match aller, nous aussi. On affrontait Liverpool, une belle équipe. Cela a donné lieu à un match très équilibré, avec beaucoup d'intensité. Comme les deux adversaires étaient à peu près de force égale, personne n'était vraiment libéré et n'osait se découvrir. C'était un peu fermé. On a eu chaud à un moment donné lorsque les Anglais (par Heighway) ont frappé le poteau. »

Et quelques minutes après, à la 78e, vous délivrez Geoffroy-Guichard. Racontez-nous.

« Jean-Michel Larqué frappe

un corner sur le côté gauche. Le ballon arrive au second poteau dans les pieds de Gérard Janvion qui remise. Je me trouve au bon endroit. Le ballon est en l'air. Grâce à un fouetté du gauche, je n'avais pas d'autre solution pour le prendre, je marque le but du 1-0. »

Que ressentez-vous sur le coup ?

« Ce n'était pas vraiment une libération. On était contents, bien sûr, mais il n'y avait que 1-0 et on savait qu'il y avait encore du boulot derrière. On avait un match retour à disputer à Anfield Road (voir l'encadré). »

En quoi Geoffroy-Guichard est-il si spécial ?

« C'est un stade à l'anglaise. J'y suis allé très jeune. Mais la première fois, c'était juste derrière, là où se trouvaient encore les fonderies parce que mon père travaillait dans ce domaine. C'était toute une atmosphère avec la mine.

> « Geoffroy-Guichard, terreau de travail et de sueur »

Le stade a évolué, mais les spectateurs sont toujours restés proches du terrain. Ils sont sur la pelouse et nous dans les gradins. Il y a comme un échange entre eux et nous, c'est beau. On sentait leur chaleur, la ferveur, les encouragements, mais aussi parfois les déceptions. Geoffroy-Guichard donne de l'énergie. Ici, on est dans un terreau de travail et de sueur. »

L'équipe des Verts de gauche à droite : Curkovic, Janvion, Farison, Piazza, Bathenay, Lopez, Synaeghel. Accroupis : Rocheteau, Larqué, Santini, P. Revelli. Archives *Le Progrès*

DE GEOFFROY-GUICHARD À ANFIELD ROAD

Dans les années 1970, il n'est pas donné à tout le monde de marquer un but à Ray Clemence, le mythique gardien des Reds de Liverpool et de l'équipe nationale d'Angleterre. Dominique Bathenay réussit ce tour de force. Et pas qu'une fois. Déjà buteur à l'aller, il récidive 14 jours plus tard dans l'enfer d'Anfield Road (16/03/1977). Un boulet de canon des 30 mètres qui laisse Clemence pantois. Un but d'anthologie qui figure encore en bonne place dans les livres d'histoire du football français. « J'en ai marqué des plus beaux, sourit le milieu de terrain. Celui-ci avait éteint un peu le stade. Avec cette égalisation à 1-1, les Anglais étaient surpris. J'ai marqué deux fois contre Liverpool, mais on ne s'est pas qualifiés. C'est comme ça, le football est ainsi fait. Il y a des moments de joie et de tristesse. » Les joueurs de Robert *Herbin* s'inclinent finalement 3-1. Les rêves de demi-finale s'envolent.

LA FICHE TECHNIQUE

À Geoffroy-Guichard, le 2 mars 1977 (quart de finale aller de la Coupe d'Europe des Clubs Champions), l'ASSE bat Liverpool 1 à 0 (mi-temps: 0-0).

Affluence: 37 549 spectateurs.

Arbitre: M. Palotai (Hongrie).

But: Bathenay (78e) pour l'ASSE.

ASSE: Curkovic, Janvion, Piazza, Lopez, Farison, Larqué, Santini, Bathenay, Synaeghel, Rocheteau, P. Revelli. Entraîneur: Robert Herbin.

Liverpool: Clemence, Jones, Hughes, Thompson, Neal, Mc Dermott, Callaghan, Case, Kennedy, Heighway, Toshack (Johnson 81e). Entraîneur: Bob Paisley.

14 juin 1977
FC NANTES

LES VERTS RENVERSENT NANTES EN COUPE DE FRANCE

Un championnat en demi-teinte, une demi-finale aller cauchemardesque perdue 3-0 : ce 14 juin 1977, les Verts ont réussi une des plus belles remontadas de leur histoire. Ils iront battre Reims au parc des Princes et remporter la Coupe de France.

Ce jour-là il ne fallait pas quitter le stade avant la fin du match. Archives *Le Progrès*

Il faut toujours se méfier des légendes. L'ASSE avait déjà renversé de multiples matchs et la référence, la remontée ultime, c'était contre Split en 1974. Après avoir perdu 4-1 en Croatie, les Verts, poussés par tout un peuple, gagnent 5-1… Alors après le 3-0 infligé par le champion de France dans son antre, le retour à Geoffroy-Guichard sentait le souffre, d'autant plus que les Verts étaient vexés.

Ivan Curkovic ne s'en était pas caché, perdre deux fois 3-0 à Nantes (championnat et coupe), « prendre six buts en deux matchs, ce n'est pas vexant, non ? », notait-il dans nos colonnes. Surtout, l'ASSE vient de concéder trois penalties en deux confrontations face aux Nantais « alors qu'on a dû en concéder que cinq ou six en cinq ans », poursuit le gardien de l'espoir.

Alors il n'en faut pas plus pour que le retour de flamme soit terrible, magnifique, l'enfer ou le paradis que l'on soit Stéphanois ou Nantais. Et comme toujours, l'union sacrée est déclarée. Près de 33 000 spectateurs vont faire de ce match de Coupe ▸▸▸

Le contemporain qui aime l'ancien
Minvielle
7 rue pierre berard St Etienne
tel (77) 32 36 89

1,30 F
0,80 F SUISSE
N° 40.230

La Tribune
LE PROGRÈS
JOURNAL RÉPUBLICAIN QUOTIDIEN

MERCREDI
15 JUIN
1977

EUROCHÈQUE
Le premier chèque accepté dans 8 pays d'Europe
Banque Populaire

Coupe de France

Le dernier souffle fantastique des «Verts»

A.S.S.E. 5
Nantes 1

LA PARTIE EN RACCOURCI

Reims en finale

Le recrutement de l'A.S.S.E.
D'abord les B.B. rouennais: Bianchi Amando et Bourebbou

Larios et Vesir probables à Bastia

En match retour de la finale de troisième division ce soir à Nantes
Saint-Etienne pour le nul et... un titre

Le «coup de Split» réussi à nouveau
St-Etienne «à l'européenne» inflige 5 buts à Nantes
et jouera la finale contre Reims

Saint-Etienne a peut-être sauvé sa saison en un seul match. Jouant à « l'européenne » les verts ont réussi un nouveau « coup de Split », infligeant 5 buts, (dont 2 dans les 5 dernières minutes des prolongations) aux Nantais qui jusque là étaient qualifiés grâce à un but de Michel.

Notre photo Rocheteau aux prises avec la défense nantaise.

En pages sportives les commentaires de Gérard Simonian

de France une soirée européenne. Et les nuits magiques débutent toujours par des signes, comme le but refusé au Nantais Pécout pour hors-jeu à la 4e minute. La suite ? Rocheteau passe en revue trois défenseurs, sert Patrick Revelli, le stade exulte après son tir croisé qui fait mouche.

« Les grands moments sont faits par le public »

La suite ne sera qu'une formidable épopée. Bathenay (31e) puis Santini (43e) font leur retard… Un des coach de Nantes, René Donoyan, quittera même le stade, « lorsque je suis revenu, le score n'avait pas bougé (…), je suis resté dans le vestiaire et quand je suis sorti (début de la prolongation), le tableau d'affichage annonçait 3-1, j'ai cru à une erreur, mais après confirmation, j'ai sauté de joie. Comme ça, je suis tombé de plus haut quelques minutes plus tard ». Il faudra une prolongation et dès la 92e, Henri Michel délivre les Canaris… Alors que quelques spectateurs quittent le stade, Robert Herbin tente le tout pour le tout en faisant entrer le tout jeune Sarramagna. Bingo, mais c'est la 115e minute, personne ne croit au miracle… Jusqu'à ce qu'Hervé Revelli plante une tête à la trajectoire d'un arc-en-ciel dans le but nantais… L'ASSE est en finale ! « Les grands moments sont faits par le public », dira plus tard Ivan Curckovic. Les grands moments sont aussi faits par de grandes équipes.

LA FICHE TECHNIQUE

À Geoffroy-Guichard, le mardi 14 juin 1977. Demi-finale retour de la Coupe de France (aller 3-0 pour Nantes), l'ASSE bat Nantes 5-1 (a.p.).

Affluence : 32 961 spectateurs.

Arbitre : M. Kitabdjian.

But : Patrick Revelli (5e), Bathenay (31e), Santini (43e), Sarramagna (115e), Hervé Revelli (118e) pour l'ASSE. Michel (92e) pour Nantes.

ASSE : Curkovic, Merchadier, Piazza, Lopez, Farison, Santini puis Sarramagna (93e), Janvion, Bathenay, Rocheteau, Hervé Revelli, Patrick Revelli.

Nantes : Bertrand-Demanes, Denoueix, Rio, Michel, Bossis, Muller puis Van Straelen (90e), Sahnoun, Tusseau, Baronchelli, Pécout, Amisse.

7 NOVEMBRE 1979
PSV EINDHOVEN

LE « COUP DE BLUFF » GAGNANT DE ROBERT HERBIN

« C'est la plus belle de toutes nos victoires », s'est écrié Roger Rocher, à l'issue de la rencontre. Le président de l'ASSE avait déjà connu de sacrés scénarios avec ses Verts. Mais jamais trois buts en trois minutes !

L'équipe de l'ASSE : Thierry Oleksiak, Gérard Janvion, Johnny Rep, Gérard Farison, Jacques Santini, Christian Lopez, Ivan Curkovic, Jean-François Larios, Jacques Zimako, Michel Platini, Jean-Marie Elie. Archives *Le Progrès*

Défaits 2 à 0 au match aller, l'ASSE accueille le PSV Eindhoven des frères Van de Kerkhof. Pour le match retour, les Verts leur réservent une petite surprise. « Platini portait le numéro 6, Santini le numéro 10 alors qu'il était défenseur central et le milieu de terrain Oleksiak portait le 4… Robert Herbin avait changé tous les numéros. Il a fait un coup de bluff qui a complètement perturbé Eindhoven », raconte Philippe Gastal, historien de l'ASSE et conservateur du musée des Verts. Ce coup de poker va fonctionner à merveille. « Nous avons marqué trois buts en cinq minutes, c'est incroyable. C'était ma première année avec Platini. Il y avait Larios aussi qui était important. Nous avions une bonne équipe. D'ailleurs, l'année suivante nous avons été champions de France », se souvient Johnny Rep. Larios, Platini et Santini marquent respectivement aux 3ᵉ, 4ᵉ et 5ᵉ minutes. Et le coup tactique de Robert Herbin n'est pas la seule raison : « On était très motivés pour ce match parce qu'à l'aller nous avions perdu 2 à 0 et l'arbitre n'avait pas été très correct. » Cette rencontre est également la première titularisation d'un certain Thierry Oleksiak, fils de Jean Oleksiak et fidèle adjoint de Christophe Galtier, à Saint-Étienne, Lille et Nice aujourd'hui. « Dans les vestiaires, on entendait les supporters. Je me souviens d'avoir eu les poils hérissés de la sortie des vestiaires à l'entrée sur le terrain. C'est une émotion forte. Je m'en souviendrai toute ma vie. Il y avait une énorme intensité. Pour un jeune joueur, débuter en Coupe d'Europe, c'est très violent. À la vitesse à ▸▸▸

laquelle c'était parti, j'avais peur de ne pas tenir, mais le public permet de faire des choses extraordinaires. Finalement j'ai tenu. On n'a pas arrêté de faire des efforts. Jouer avec ces grands joueurs, c'était fabuleux. C'était très spécial pour moi qui suis de Saint-Étienne. Trois ans avant, j'étais dans les tribunes pour les voir jouer. J'ai débuté par quelque chose d'extraordinaire. J'en suis très fier. Mais je suis plus fier encore d'avoir joué une quinzaine de matchs avec ces grands joueurs cette saison-là », a-t-il confié dans nos colonnes.

Il ne fallait pas arriver en retard au stade Geoffroy-Guichard ce jour-là

Malgré le score de 3 à 0, les Verts n'étaient pas encore à l'abri à la mi-temps. « On savait que s'ils marquaient, ils seraient qualifiés. Avant le 4 à 0, nous étions encore un peu tendus », raconte Johnny Rep. Les Verts seront finalement récompensés par deux nouveaux buts signés Platini (58e) et Roussey (89e). Johnny Rep viendra conclure le festival offensif en toute fin de match : « J'ai frappé très fort comme je savais encore le faire à l'époque. J'ai de nombreux bons souvenirs avec l'ASSE, mais Eindhoven est un des meilleurs. »

LA FICHE TECHNIQUE

À Geoffroy-Guichard, le 7 novembre 1979, 16e de finale retour de la Coupe de l'UEFA, l'ASSE bat le PSV Eindhoven 6-0.

Affluence : 38 000 spectateurs.

Arbitre : M. Michelotti (Italie).

Buts : Larios (3e), Platini (4e, 58e), Santini (5e), Roussey (89e), Rep (90e) pour l'ASSE.

ASSE : Curkovic, Janvion, Santini, Lopez, Farison, Platini (Roussey 74e), Oleksiak, Elie, Rep, Larios, Zimako. Ent. : Robert Herbin

Marseille : PSV Eindhoven : van Beveren, Wildschut, Stevens (Koster 24e puis Postuma 61e), van Kraay, Brandts, Poortvliet, Lubse, W. van de Kerkhof, Valke, R. van de Kerkhof, van der Kuylen. Ent. : Kees Rijvers.

Tir de Jean-François Larios. Archives *Le Progrès* / Lionel Lopes-Quintas

But de Michel Platini. Archives *Le Progrès*

Johnny Rep. Archives *Le Progrès*

2 JUIN 1981
GIRONDINS DE BORDEAUX

LE TITRE DE L'ÉTOILE À LA DERNIÈRE JOURNÉE

Le titre de champion de France 1981 reste l'un des meilleurs crus. Bordeaux, qui n'a rien à perdre ni à gagner, une dernière journée, et un stade plein à craquer pour fêter le dénouement espéré : 2-1.

Geoffroy-Guichard n'est pas qu'un stade, c'est un lieu de communion, et ce mardi 2 juin doit être celui de l'accomplissement d'une saison parfois difficile, mais d'une saison qui restera à jamais dans les mémoires. L'ASSE a son destin en main, Nantes qui reçoit Nîmes, peut encore croire au titre malgré tout. La pression est énorme sur les épaules des Rep, Platini, Roussey, Janvion, Santini… Après des débuts prometteurs, le jeune Castaneda a succédé à l'icône Curkovic. Les Verts ne sont pas intraitables à domicile et les Bordelais, troisièmes, ont tout pour gâcher la quête du titre qui se joue sans Larios ni Zimako.
C'était une autre époque, la belle époque, celle des milliers de gamins déferlant à l'issue du coup de sifflet final pour enlacer leurs idoles, ivres de joie. Les héros ne les ont pas déçus ce 2 juin. Et comme un symbole, c'est Platini qui a délivré ses coéquipiers et tout le stade à la 25e minute d'une frappe du gauche croisée pour aller droit au but…

La joie de Laurent Roussey et Michel Platini après l'ouverture du score. Archives *Le Progrès*

« Cui-cui-cui, les Canaris sont cuits »

Quelques minutes auparavant, Rohr venait de rater le cadre et l'ASSE ne parvenait pas à évacuer la pression. Juste avant la mi-temps, Platini en remet une couche, bien servi par Roussey au premier poteau suite au corner de Zanon… Un coup de tête qui sonne comme un coup de titre. Les Verts dominent mais ne concrétisent pas…

C'est dans ces moments que Geoffroy-Guichard en impose. Nantes voit son espoir de titre s'envoler comme les minutes s'égrènent… « Cui-cui-cui, les Canaris sont cuits », chante le stade… De quoi donner le rythme à Rep qui danse autour de Bracci. À la 70e, Geoffroy-Guichard résonne encore un peu plus comme un stade à l'anglaise avec *Oh When the Saints* chanté par des spectateurs aux anges… S'il en était un qui pouvait doucher la fête, c'était bien Bernard Lacombe et son but à la 79e minute n'a fait que donner du relief à la délivrance du coup de sifflet final. Les 22 775 fidèles pouvaient chanter, danser, l'ASSE venait de s'octroyer son dixième titre de champion de France… Une étoile pour l'éternité.

Michel Platini au micro du journaliste de Téléfoot Didier Roustan, sous le regard du capitaine Christian Lopez. Archives *Le Progrès*

LA FICHE TECHNIQUE

À Geoffroy-Guichard, , le 2 juin 1981, dernière journée du championnat de France, l'ASSE bat Bordeaux 2-1 (mi-temps : 2-0).

Affluence : 22 775 spectateurs.

Arbitre : M. Di Bernardo.

Buts : Platini (25e et 41e) pour l'ASSE, Lacombe (79e) pour Bordeaux.

ASSE : Castaneda, Battiston, Gardon, Lopez, Janvion, Santini, Platini, Zanon, Rep, Roussey, Bellus.

Bordeaux : Delachet, Rohor, Eyquem, Trésor, Bracci, Girard, Fernandez, Van Straelen, Thouvenel, Lacombe, Soler (Sans 70e).

La liesse populaire à l'issue de la victoire. Archives *Le Progrès*

11 MAI 1985
LILLE OLYMPIQUE SC

DANS LE CHAUDRON, « C'ÉTAIT IMPRESSIONNANT »

La victoire des Verts face à Lille lors du quart de finale aller de la Coupe de France, c'est aussi la plus grosse affluence de l'histoire du club. Souvenirs d'Éric Clavelloux.

Ce quart de finale aller de Coupe de France entre l'AS Saint-Étienne et Lille gardera certainement pour toujours sa place dans le livre des records. En ce 11 mai 1985, 47 747 spectateurs se massent dans un Chaudron qui peut en contenir 48 274. Jamais égalée ni dépassée, cette affluence est la plus importante de l'histoire du stade Geoffroy-Guichard. Le président de l'époque, André Laurent, avouera même en aparté que la barre des 50 000 a été franchie. « Ce n'était peut-être pas la plus belle ambiance que j'ai connue, mais il y avait vraiment du monde, c'était impressionnant », se souvient Éric Clavelloux, 22 ans. Assez pour qu'une photo de l'équipe décore l'un des murs de *L'Éperon*, le point presse tenu par l'ancien latéral des Verts sur le cours Fauriel : « C'était un match important. On était en D2 et on affrontait Lille, pensionnaire de D1. On était vraiment motivés et on avait à cœur de se qualifier. Le public a été incroyable. »

Enthousiasmée par une jeune équipe stéphanoise parmi lesquels Ferri, Daniel ou encore Ribar, la foule transcende les Verts. « Sur le terrain, l'ambiance nous portait », avoue Éric Clavelloux. Elle aide

Éric Clavelloux. Archives *Le Progrès*

surtout l'inévitable Roger Milla à tromper Mottet d'une tête plongeante (1-0, 45e) tandis que Diarte, notamment, manque le break. Les

> 47 747 spectateurs, l'affluence la plus forte de l'histoire du stade

Stéphanois auront dix jours plus tard des regrets. Le 21 mai 1985, lors du match retour à Grimonprez-Jooris, les hommes de Kasperczak voient leur rêve d'atteindre les demi-finales s'envoler dans les ultimes instants (2-0, 84e et 90e), comme celui, trois jours plus tôt, de remonter en Division 1. Mais après l'affaire de la caisse noire, le peuple vert s'est bel et bien identifié à sa nouvelle équipe. « Notre début de saison a été difficile. Au fil des bons résultats, le monde est venu. Petit à petit, les gens ont cru en nous. Une fois que le collectif a été posé, tout a baigné. On était très solidaires et il y avait une super ambiance dans le groupe », conclut Éric Clavelloux.

LA FICHE TECHNIQUE

À Geoffroy-Guichard, le 11 mai 1985 (quart de finale aller de Coupe de France), l'ASSE (D2) bat Lille (D1) 1 à 0 (mi-temps : 1-0).

Affluence : 47 747 spectateurs.

Arbitre : M. Vautrot.

Buts : Milla (45e) pour l'ASSE.

ASSE : Castaneda, E. Clavelloux, Oleksiak (Cangini, 33e), Gilles, Ferri, Daniel, Ribar, Sab, Diarte (Chillet, 75e), Milla, Sanchez. Entr. : Henryk Kasperczak.

Lille : Mottet, Robin, Kourichi, Péan, Thomas, Primorac, Périlleux, P. Plancque (Garcia, 80e), S. Plancque, Bureau (Guion, 73e), Savic. Entr. : Georges Heylens.

La tête plongeante et la joie de Roger Milla. Archives D.R.

12 DÉCEMBRE 1999
OLYMPIQUE DE MARSEILLE

« ON AVAIT UN PUBLIC DE FOU CE JOUR-LÀ »

20 ans que les Verts n'avaient plus battu l'OM à Geoffroy-Guichard ! Capitaine de l'époque et buteur, Lionel Potillon se souvient de la démonstration stéphanoise.

L'action et la joie de Lionel Potillon après son but sur corner stéphanois. Archives *Le Progrès* / Lionel Lopes-Quintas et Claude Essertel

Avez-vous eu conscience d'avoir livré le match parfait contre l'OM ?
« Oui, tout ce qu'on réalisait sur le terrain fonctionnait à merveille. Tout nous réussissait. Il y a 4-0 au bout de 28 minutes de jeu. Alex signe un quadruplé, avec le fameux geste de la panthère. On a pris un plaisir incroyable. Ce sont de choses qui arrivent rarement. Surtout contre une équipe comme l'OM avec des stars comme Dugarry, Pirès... Cela fait partie des moments rares dont il faut profiter et qui restent dans la mémoire collective. En plus, c'était une date anniversaire, cela faisait deux ans que la famille Bompard était arrivée au club. »

Vous avez participé au festival offensif puisque vous inscrivez le deuxième but.
« Je marque de la tête sur un corner de Patrick Revelles (11e). C'était quelque chose que l'on travaillait pas mal à l'entraînement. J'avais ▶▶▶

La légende de la panthère brésilienne Alex est née lors de quatre buts passés à Marseille par l'attaquant stéphanois.
Archives *Le Progrès* / Lionel Lopes-Quintas

une façon de me démarquer qui me permettait souvent de me libérer du marquage. Et comme j'avais un jeu de tête plutôt correct… »

Vous vous souvenez de l'ambiance ?

« Incroyable, comme c'est souvent le cas à Geoffroy-Guichard pour les grands matchs. On avait un public de fou ce jour-là. Je me souviens aussi que les supporters marseillais avaient quitté le stade à la mi-temps. Ce qui avait retardé le début de la seconde période. On était dans notre bulle, on n'y avait pas trop fait attention. Cela avait plus perturbé les joueurs de l'OM que nous. »

« Les supporters marseillais avaient quitté le stade à la mi-temps »

Comment aviez-vous préparé cette affiche ?

« Pour la petite anecdote, je m'occupais de la caisse des amendes à l'époque. Comme on approchait des fêtes de Noël, on avait décidé de faire un petit repas entre nous avec cet argent. C'était le mercredi soir, soit quatre jours avant le match contre l'OM. Cela devait être très *light* sauf que l'ambiance était telle à l'intérieur du groupe que ça n'a pas été *light* du tout. Tout le monde était là, il ne manquait pas un seul joueur. On s'est lâchés, on a dansé sur les tables. Nous étions installés à l'étage, le propriétaire du restaurant ne cessait pas de monter nous dire "arrêtez, sinon le plancher va s'écrouler". Cette fraternité entre nous se retrouvait sur le terrain. Ce qui s'est passé ce soir-là a certainement participé au 5-1. »

LA FICHE TECHNIQUE

À Geoffroy-Guichard, le 12 décembre 1999 (championnat de France de D1), l'ASSE bat l'OM 5 à 1 (mi-temps : 4-0).

Affluence : 33 595 spectateurs

Arbitre : M. Garibian

Buts : Alex (5e, 20e, 28e, 62e) et Potillon (11e) pour l'ASSE. Dalmat (90e) pour Marseille.

ASSE : Alonzo, Llacer, Kvarme, Mettomo, Potillon, Sablé (Boudarène 60e), Sarr, Guel, Pédron (Ferhaoui 78e), Revelles, Alex (Chavériat 75e). Ent. : Robert Nouzaret.

Marseille : Porato, Perez, Berizzo, Gallas, Martin (Reina 62e), Luccin, Brando (Montenegro 46e), Dalmat, Pirès, Maurice (Bakayoko 66e), Dugarry. Ent. : Bernard Casoni.

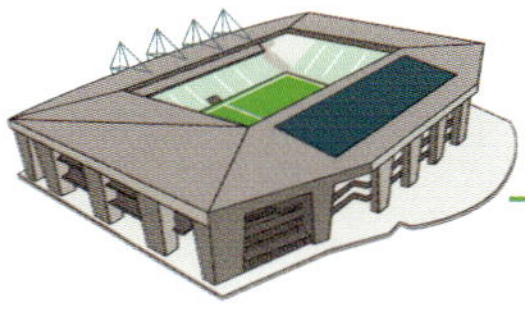

4 FÉVRIER 2004
FC SOCHAUX

« UNE FUSION ENTRE LES JOUEURS ET LES SUPPORTERS »

Engagée en Ligue 2 pour la troisième saison consécutive, l'ASSE reçoit Sochaux, pensionnaire de Ligue 1, en demi-finale de Coupe de la Ligue. Un match fou dans un stade bouillant qui, malgré la défaite dans la prolongation, entrevoit enfin la lumière.

La saison 2003-2004 rappelle de bons souvenirs aux supporters des Verts. D'abord synonyme de remontée en Ligue 1, elle aura aussi permis à Geoffroy-Guichard de retrouver la folie des grands soirs après trois années dans l'antichambre du football français. Le 4 février, l'ASSE reçoit en demi-finale de la Coupe de la Ligue Sochaux, l'une des meilleures équipes de l'Hexagone. « L'ambiance qui régnait ce soir-là… c'était une fusion entre les joueurs et les supporters », se souvient Lilian Compan, titulaire en attaque.

Une ambiance qui galvanise des Stéphanois qui démarrent tambour battant pour mener 2-0 à la 21e minute de jeu. Après l'ouverture du score par le latéral Patrice Carteron monté aux avant-postes, Compan double la mise en reprenant de la tête par-dessus deux défenseurs un centre de Citony. « Je suis monté très, très haut (sourire), se remémore avec toujours autant de plaisir le buteur des Verts. Mais sincèrement, s'il n'y a pas le stade, je ne suis pas sûr que je touche la balle. » La formation de Frédéric Antonetti, privée de Bridonneau et Hognon, deux joueurs majeurs de l'arrière-garde, n'a rien à perdre et dans un stade en ébullition, bouscule une équipe vainqueur de Dortmund en Coupe de l'UEFA quelques mois plus tôt.

« Ce match est dans ma mémoire. C'était indescriptible. Un bruit ! On ne s'entendait pas sur le terrain, assure Lilian Compan. Même en Ligue 1, je n'ai pas vécu d'ambiance comme ça avec l'ASSE. » Pourtant la bande de

Lilian Compan, buteur, dédicace son but à son épouse.
Archives *Le Progrès* / Lionel Lopes-Quintas

> « Le bruit ! On ne s'entendait pas sur le terrain »

Benoît Pedretti, qui saluera après la rencontre « le meilleur public de France », finit par revenir dans le match en exploitant les erreurs défensives des Ligériens. Jérémy Mathieu (41e) sur coup franc puis Wilson Oruma (60e) ramènent les Lionceaux à égalité. Prolongation.

Ce même Oruma donne ensuite l'avantage aux visiteurs (102e), mais poussés par leur public, les Verts se procurent plusieurs grosses occasions pour égaliser, en vain. Si les Stéphanois sortent avec les honneurs face au futur vainqueur de la compétition, « tout le monde avait envie après des années de galère du Stade de France, de le voir en vert, souffle Lilian Compan. Ça aurait été la cerise sur le gâteau ». Une performance alors en forme d'avant-goût du retour en Ligue 1.

Un stade en ébullition. Archives *Le Progrès* / Lionel Lopes-Quintas

Patrice Carteron explose de joie après son but qui permet aux Verts de mener 1-0.
Archives *Le Progrès* / Lionel Lopes-Quintas

LA FICHE TECHNIQUE

À Geoffroy-Guichard, le 4 février 2004 (demi-finale de Coupe de la Ligue), Sochaux bat l'ASSE 3-2 après prolongation (mi-temps : 2-1).

Affluence : 33 661 spectateurs.

Arbitre : M. Layec.

Buts : Patrice Carteron (18e) et Lilian Compan (21e) pour l'ASSE ; Jérémy Mathieu (41e), Wilson Oruma (60e et 102e) pour Sochaux.

ASSE : Janot, Carteron, Hernandez, Morestin, Ilunga, Jau, Sablé, Hellebuyck, Marin (Quaye, 75e), Compan, Citony (Gomis, 105e). Entr. : Frédéric Antonetti.

Sochaux : Gnanhouan, Tall, Flachez, Monsoreau, Paisley, Pedretti, Oruma, Mathieu (Trapasso, 78e), Isabey (Lonfat, 95e), Boudarène (Pagis, 29e), Frau. Entr. : Guy Lacombe.

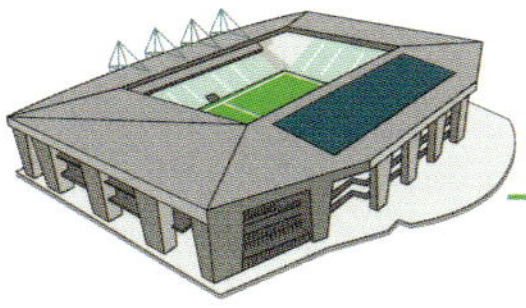

15 JANVIER 2013
LILLE OLYMPIQUE SC

« CE PARTAGE AVEC LES SUPPORTERS, ÇA MARQUE »

Ce soir-là les Verts se qualifient pour la finale de Coupe de la Ligue qu'ils remporteront en battant Rennes (1-0). Capitaine exemplaire de l'ASSE, Loïc Perrin se souvient.

Le 15 janvier 2013, ça évoque quoi pour vous ?
« De beaux souvenirs. On reçoit Lille en demi-finale de Coupe de la Ligue, il ne fait pas chaud, Geoffroy-Guichard est blindé. Le kop sud-est en travaux, mais il y a tout le reste. Si je dois retenir une image de ce match, c'est le tir au but raté par Balmont. Il a le ballon de la qualification, Ruffier part du mauvais côté, mais sa tentative frappe le poteau. Je me souviens aussi de l'occasion de Brandão tout seul devant Elana. Son pied roule sur le ballon. En première mi-temps, il avait déjà mis un coup de tête à côté. Avec toutes ces situations, je pense qu'on aurait mérité de gagner dans le jeu. Au final, on se qualifie encore aux tirs au but comme à Lorient et contre Paris. La séance a été stressante pour les supporters (Gueye le Lillois se rate complètement sur le dernier, la balle file au-dessus). »

Vous n'avez encaissé qu'un but dans toute la compétition, lors du premier tour. Cela sert d'avoir une super défense et un super gardien. En 2013, vous aviez les deux.
« C'est vrai que Ruff (Stéphane Ruffier) nous a aidés. Il était décisif. Mais la défense, c'est un tout, c'est un état d'esprit collectif. Il s'agissait d'ailleurs à l'époque de notre marque de fabrique. Les équipes de Galette (Christophe Galtier) ne prennent pas beaucoup de buts, pourtant il n'est pas catalogué comme un entraîneur défensif. »

Dès le coup de sifflet final, le public avait envahi la pelouse et vous, les joueurs, étiez montés dans la tribune officielle pour communier avec eux.

Loïc Perrin et Nolan Roux. Archives *Le Progrès* / Celik Erkul

> « Ce n'est pas parce que je suis Stéphanois, mais quand tu joues à Geoffroy-Guichard, c'est la folie »

« J'ai eu la chance de faire ça plusieurs fois. Cet échange, ce partage avec les supporters, ce sont des choses qui marquent. Ce qui est beau dans le sport, c'est tout ce bonheur que tu peux donner aux gens. Un stade peut être magnifique de l'extérieur et sur le plan architectural, mais s'il n'y a pas d'âme, ça le rend triste. Ce n'est pas parce que je suis Stéphanois, mais quand tu joues à Geoffroy-Guichard, c'est la folie. Lorsque le stade est plein, tu ne t'entends même pas parler sur le terrain. Les adversaires peuvent avoir les jambes qui tremblent. Ce sont les supporters qui rendent ce stade si spécial, qui lui donnent cette atmosphère. »

Le suspense… avant la joie sur la pelouse et dans les vestiaires.
Archives *Le Progrès* / Philippe Vacher et Celik Erkul

LA FICHE TECHNIQUE

À Geoffroy-Guichard, le 15 janvier 2013 (demi-finale de Coupe de la Ligue), l'ASSE bat Lille aux tirs au but (0-0, 7-6 t.a.b).

Affluence : 23 011 spectateurs

Arbitre : M. Turpin

Tirs au but réussis : Cohade, Perrin, Mayi, Aubameyang, Guilavogui, Clément et Clerc pour l'ASSE. Chedjou, Basa, Bruno, Rodelin, Mavuba et Beria pour Lille.

Tirs au but manqués : Mollo pour l'ASSE. Balmont et Gueye pour Lille.

ASSE : Ruffier, Clerc, Bayal Sall, Perrin, Brison, Lemoine (Mayi 84e), Clément, Guilavogui, Mollo, Aubameyang, Brandão (Cohade 65e). Ent. : Christophe Galtier.

Lille : Elana, Digne, Chedjou, Basa, Beria, Mavuba, Balmont, Pedretti (Gueye 65e), Payet, Martin (Bruno 112e), Roux (Rodelin 84e). Ent. : Rudi Garcia.

6 NOVEMBRE 2014
INTER MILAN

LE MESSAGE DE MOUSTAPHA BAYAL SALL

Moustapha Bayal Sall avait à cœur de marquer lors de cette soirée européenne d'automne 2014 à Geoffroy-Guichard. Cela lui a permis de répondre symboliquement à des propos polémiques tenus par Willy Sagnol.

Bayal Sall a sorti les Verts de l'ornière. Archives *Le Progrès* / Celik Erkul

Moustapha Bayal Sall a mis le paquet pour sortir les Verts de l'ornière lors de cet ASSE – Inter Milan du 6 novembre 2014. C'est la 4e journée de la phase de groupes de Ligue Europa. Dans un Chaudron des grands soirs, les Verts, poussés dans leurs retranchements en première période, sont menés 1-0 par les « Interistes », après trois premiers matchs nuls, et ne doivent leur salut qu'à un solide Stéphane Ruffier dans les cages. Bayal Sall et ses deux compères de la défense axiale, Loïc Perrin et Florentin Pogba, sonnent la révolte. On joue la 50e minute. Romain Hamouma frappe un corner. Le ballon échoue dans les pieds du défenseur sénégalais dans la surface. Il fusille le gardien argentin Juan Pablo Carrizo et égalise, permettant aux Verts de croire encore à la qualification. « Mouss » court au pied du kop nord, célèbre son ▸▸▸

Archives *Le Progrès* / Philippe Vacher

but rageusement avec les supporters et montre les veines de son avant-bras gauche. « C'était pour tous les Africains », lâche-t-il devant des journalistes après la rencontre.

Les prémices d'un but rageur dans le derby

Le défenseur des Verts apporte sa réponse aux déclarations pour le moins indélicates de l'ancien joueur de l'ASSE, Willy Sagnol, alors entraîneur des Girondins de Bordeaux, deux jours auparavant : « L'avantage du joueur, je dirais typique africain : il n'est pas cher, généralement prêt au combat, on peut le qualifier de puissant sur un terrain. Mais le foot, ce n'est pas que ça, c'est aussi de la technique, de l'intelligence, de la discipline. » « Beaucoup de gens comprendront », reprend Bayal Sall, dont les propos sont relatés par Yves Verrière dans *La Tribune-Le Progrès* du 8 novembre. « Samuel Eto'o l'avait fait à Barcelone lors de son jubilé. Je suis fier d'être Africain. On ne changera jamais. » Trois semaines plus tard, le 30 novembre, le colosse ouvre la marque dans le derby (3-0). Il met la même rage que face à l'Inter dans son coup de tête et dans sa célébration avec les supporters en tribune Charles-Paret. Tout ça le jour de ses 29 ans. Avant la rencontre face à l'équipe italienne, il avait déjà fait passer un message à la presse : « Je sais, il faudrait que je marque, mais ça va venir. Ce serait bien que ce soit le 30 novembre, le jour de mon anniversaire. » Cadeau.

LA FICHE TECHNIQUE

À Geoffroy-Guichard, le 6 novembre 2014, en phase de groupes de l'Europa League, 4e journée, l'ASSE et l'Inter Milan font match nul 1-1 (mi-temps 0-1).

Affluence : 36 411 spectateurs.

Arbitre : M. Vincic.

Buts : Bayal Sall (50e) pour l'ASSE ; Dodô (33e) pour l'Inter.

ASSE : Ruffier, Théophile-Catherine, Bayal Sall, Perrin, Pogba, Tabanou, Lemoine, Clément, Hamouma (Van Wolfswinkel, 68e), Erding (Diomandé, 56e), Gradel. Entr. : Christophe Galtier.

Inter Milan : Carrizo, Andreolli, Vidic, Juan, Dodô, Mbaye, Kuzmanovic (Palazzi, 83e), Medel, Kovacic (Osvaldo, 74e), Bonazzoli (Obi, 66e), Palacio. Entr. : Walter Mazzarri.

5 MARS 2020
STADE RENNAIS

« C'EST LA PLUS BELLE AMBIANCE DE MA CARRIÈRE »

Au bout du temps additionnel face à Rennes, Ryad Boudebouz a permis à l'ASSE de se qualifier pour la finale de la Coupe de France 2020, 38 ans après.

Plus d'un an après votre but, pouvez-vous le décrire sans avoir besoin de le revoir ?
« Oui, je l'ai revu 50 000 fois (rire). Au départ de l'action, je tacle. William (Saliba) récupère le ballon et avance. Moi, je me suis relevé et je pars vers le but. William sert Denis (Bouanga) dans la surface, il fait un crochet, élimine le Rennais. À ce moment-là, je crie : "Laisse !" J'ai encore l'image où il se pousse pour me laisser frapper. Je croise mon tir et ça rentre. Je n'avais que ce petit espace-là pour marquer, car de l'autre côté, il y avait un défenseur adverse qui couvrait. »

Une fois le ballon au fond, qu'est-ce qu'il se passe ?
(Il souffle) « Je suis content, frustré aussi car la saison avait été difficile. J'avais mangé (sic) beaucoup de critiques.
Quand je marque, on sait qu'on a gagné, mais je ne me dis pas : "C'est un truc de fou." À ce moment-là, je n'ai pas conscience que le club va jouer une finale de Coupe de France pour la première fois depuis 38 ans. Je ne savais pas que ça allait prendre autant d'ampleur ».

Ryad Boudebouz, rentré 10 minutes avant de marquer. Photo *Le Progrès* / Yves Salvat

Quand avez-vous pris la mesure de votre but ?
« Quand je suis rentré chez moi. J'avais beaucoup de messages. C'est là que je me suis dit que j'avais fait un truc de fou. »

Avez-vous conscience que dans plusieurs dizaines d'années, on se souviendra que c'est vous qui avez envoyé les Verts en finale ?
« Pour moi, ça reste du foot. Je fais ce que j'aime. C'est bien, j'ai aidé le club à aller en finale après une saison difficile. Mais c'est vrai que c'est le but le plus important de ma carrière. »

Il y a aussi cette communion avec le public…
« C'est la plus belle ambiance de ma carrière. Les supporters étaient frustrés après une saison difficile. Ça a explosé ! Je ne peux pas trop le réexpliquer, mais je l'ai vécu et j'ai kiffé ! Au coup de sifflet final, j'ai l'image d'Assane (Diousse) par terre, d'un mec qui me saute dessus pour me demander mon maillot avant que la sécurité nous aide à rentrer. Ce sont vraiment de bons moments à vivre dans une carrière, surtout à Saint-Étienne. C'est un club emblématique avec des supporters de dingue. Aujourd'hui encore, quand je fais mes courses, ça arrive que des gens me remercient pour mon but. »

« En tant qu'adversaire, je n'aimais pas jouer dans le Chaudron. C'était dur. Je savais qu'on n'allait pas forcément gagner face à une équipe difficile à jouer et un public qui chante pendant tout le match... Quand le stade est plein, c'est incroyable »

Denis Bouanga saute de joie sur Ryad Boudebouz qui vient d'envoyer les Verts en finale de la Coupe de France. Photo Le Progrès / Rémy Perrin

LA FICHE TECHNIQUE

À Geoffroy-Guichard, le 5 mars 2020 (demi-finale de Coupe de France), l'ASSE bat Rennes 2 à 1 (mi-temps : 1-1).

Affluence : 30 535 spectateurs.

Arbitre : M. Gautier.

Buts : Kolodziejczak (43e), Boudebouz (90e+4) pour l'ASSE ; Niang (33e, s.p.) pour Rennes.

ASSE : Moulin, Debuchy, Fofana, Saliba, Kolodziejczak, Camara, M'vila (Boudebouz, 83e), Cabaye (Diousse, 39e), Honorat, Diony (Abi, 74e), Bouanga. Entr. : Claude Puel.

Rennes : Mendy, Traoré, Da Silva, Gnagnon, Maouassa, Raphinha, Nzonzi, Camavinga (Léa-Siliki, 68e), Bourigeaud, Niang (Hunou, 83e),Del Castillo (Gboho, 76e). Entr. : Julien Stéphan.

SE SOUVENIR DES DERBYS

| « Derby de glace », titre *Le Progrès* du lendemain. Photo D.R.

3-2, LE 22 FÉVRIER 1981 : LA VICTOIRE SOUS LA NEIGE

À quelques semaines de son dixième titre de champion de France, l'ASSE pointe toujours à la deuxième place du classement au moment de recevoir l'Olympique lyonnais. Laurent Paganelli et Michel Platini sont buteurs côté stéphanois tandis que le Lyonnais André Ferri inscrit un but contre son camp. Sous la neige, l'ASSE plie l'affaire en 40 minutes et bat l'OL 3-2. Elle reprendra sa première place moins d'un mois plus tard.

| Archives *Le Progrès* / Jean-Louis Dubois

3-0, LE 6 AVRIL 1994 : UNE DERNIÈRE «BELL» SOIRÉE

Le 6 avril 1994, l'OL de Jean Tigana n'est pas l'ogre des années 2000 et l'ASSE, entraînée par Jacques Santini, s'impose 3-0 à domicile. Pascal Despeyroux puis Étienne Mendy par deux fois sont les buteurs en seconde mi-temps après une première insipide. On fête la victoire et aussi le dernier match de Joseph-Antoine Bell dans les cages stéphanoises. Sans penser qu'il faudra attendre 20 ans pour revoir une victoire des Verts à Geoffroy-Guichard dans un derby.

2-3, LE 3 OCTOBRE 2004 : LES VERTS CRUCIFIÉS

Dix ans après sa dernière victoire dans un derby, l'ASSE est de retour en Ligue 1 cette saison 2004-2005. Menés 1-0 à la pause ce soir du 3 octobre 2004, les Verts croient vaincre enfin l'OL, alors triple champion de France, quand Marin puis Feindouno renversent la vapeur en début de seconde période. C'était sans compter sur le caractère lyonnais en fin de rencontre. Juninho s'offre un doublé en deux temps sur penalty malgré l'arrêt de Jérémie Janot qui fracasse de rage son poteau. Quelques minutes plus tard, Sidney Govou, esseulé, crucifie de sa classe le peuple vert. Tout le monde s'en souvient…

| **Ambiance d'avant match** Archives *Le Progrès* / Philippe Vacher

1-1, LE 27 JANVIER 2008 : UN LYONNAIS EN CACHE UN AUTRE

L'expert en coups de pied arrêtés Juninho est absent. Les Verts, malmenés, se prêtent à rêver après un but casquette de Bafétimbi Gomis qui profite d'un mauvais renvoi au pied de Grégory Coupet pour marquer de la tête juste avant la mi-temps. L'ASSE résiste et tout le monde pense que la malédiction va enfin être brisée. Jusqu'à ce coup franc de Karim Benzema à la 93e minute. Beaucoup l'ont vu venir et Jody Viviani reste impassible sur sa ligne alors que le ballon passe au-dessus du mur et finit sa course au fond des filets. L'OL égalise. Cette saison-là, Saint-Étienne encaisse seulement quatre buts à Geoffroy-Guichard.

Le but de Karim Benzema. Archives *Le Progrès* / Philippe Vacher

La joie des Stéphanois avec Kevin Théophile-Catherine, Loïc Perrin, Jonathan Brison, Franck Tabanou et Max-Alain Gradel.
Archives *Le Progrès* / Richard Mouillaud

3-0, LE 30 NOVEMBRE 2014 : « C'EST ÇA ! »

« Les Verts effacent 20 ans de disette avec brio », titre *La Tribune-Le Progrès* le 1er décembre 2014. La veille, deux décennies après la dernière victoire à domicile dans un derby (3-0), les Verts ridiculisent l'OL trois buts à zéro après que Renaud Cohade profite d'une erreur de Corentin Tolisso pour parapher le succès stéphanois. Avant un deuxième but de Ricky Van Wolfsvinckel au cœur de la domination verte, la soirée avait commencé par un coup de tête rageur sur corner de Moustapha Bayal Sall (1-0) et une célébration mémorable devant le kop nord : « C'est ça ! C'est ça ! »

2-0, LE 5 FÉVRIER 2017 : LES LYONNAIS PERDENT LEURS NERFS

Les Stéphanois font la différence en première période grâce à Monnet-Paquet puis Hamouma pour remporter leur troisième derby consécutif à domicile (2-0), un an après la délivrance venue du Norvégien Alex Soderlund en janvier 2016 (1-0). Dominateur mais muet, l'OL craque complètement en fin de match. Rachid Ghezzal et Corentin Tolisso perdent leurs nerfs et sont expulsés. Saint-Étienne (5e) revient à un point de Lyon (4e) au classement de Ligue 1.

Après le but de Monnet-Paquet. Archives *Le Progrès* / Yves Flammin

0-5, LE 5 NOVEMBRE 2017 : LE DERBY DE LA HONTE

Cette saison est la première après l'ère Christophe Galtier et la première partie de saison s'apprête à tourner au fiasco ce soir cauchemardesque de novembre 2017. L'ASSE, larguée, encaisse une manita. Nabil Fekir inscrit le cinquième but et file montrer son maillot au kop sud. Les supporters explosent de colère, le terrain est envahi alors que la rencontre avait déjà été interrompue à cause de jets de fumigènes. Quelques jours plus tard, l'entraîneur Oscar Garcia s'en va et le club plonge dans une crise dont il se relèvera après la prise de poste de Jean-Louis Gasset et un mercato doré.

Archives *Le Progrès* / Frédéric Chambert

15 MARS 1970
OLYMPIQUE LYONNAIS

LE CHEF-D'ŒUVRE DE SALIF KEITA

Cinq mois après avoir terrassé l'OL à Lyon 7-1 lors du match aller, l'ASSE récidive à domicile en s'imposant 6-0 pour filer vers son titre de championnat de France. Salif Keita éclabousse la rencontre de son talent.

Salif Keita est de cette équipe qui survole les compétitions hexagonales. Archives *Le Progrès*

« Keita plus extraordinaire que jamais », pour *France Football* ; « Keita sensationnel », selon Gérard Simonian, journaliste à *La Tribune-Le Progrès*. Ce 15 mars 1970, deux ans et demi après son arrivée en France, l'attaquant malien de 23 ans semble au sommet. Il inscrit un but incroyable de la tête, le quatrième de son équipe, lors de la claque infligée à l'Olympique Lyonnais (6-0) et est surtout impliqué dans quatre autres réalisations stéphanoises. Dont une passe extraordinaire du talon pour l'un des deux buts ▸▸▸

Un tir de Patrick Parizon et un score qui en impose. Archives *Le Progrès* / Michel Renner

LA FICHE TECHNIQUE

À Geoffroy-Guichard, le 15 mars 1970 (25e journée de Division nationale), l'ASSE bat l'OL 6 à 0 (mi-temps : 2-0).

Affluence : 14572 spectateurs.

Arbitre : M. Mouton.

Buts : Revelli (11e, 68e), Bereta (25e, 50e), Keita (56e), Jacquet (79e) pour l'ASSE.

ASSE : Carnus, Durkovic, Bosquier, Mitoraj, Polny, Broissart, Jacquet, Parizon, H. Revelli, Keita, Bereta. Entr. : Albert Batteux.

OL : Chauveau, Valette (Rambert, 20e), Lhomme, Ravanello, Yacoubian, Izquierdo, Chevat, Chiesa, Guy, Di Nallo, Ravier. Entr : Aimé Mignot.

de Georges Bereta. Clairement au-dessus du lot, le natif de Bamako récite une partition et régale les quelque 14500 spectateurs qui ont bravé le froid et la neige. Car les flocons tombent et recouvrent le terrain, contribuant à faire rentrer ce match dans la légende, avant que

En 1969-1970, doublé Coupe de France Championnat

les chutes ne cessent en seconde période. La météo n'empêche pas les Verts de faire preuve d'une grande « virtuosité technique » (*La Tribune-Le Progrès*). « Saint-Étienne nous a donné une leçon de football en mouvement », constate Aimé Mignot, l'entraîneur rhodanien, après la débâcle. « Ce jour-là, ça déroule. Il n'y avait qu'une équipe sur le terrain, la nôtre », confirme Hervé Revelli, qui finira meilleur buteur du championnat avec 28 réalisations et qui formait un duo parfois en concurrence mais redoutable avec Salif Keita (21 buts).

Cette saison 1969-1970, l'ASSE, libérée en novembre du poids de la Coupe d'Europe des clubs champions, éliminée en 8e de finale par le Legia Varsovie (1-2, 0-1), survole les compétitions hexagonales et réussit le doublé coupe de France-championnat. « Honnêtement, on ne se posait pas de questions, on jouait toujours de la même façon face à n'importe quelle équipe, à Geoffroy-Guichard ou à l'extérieur. Le moule était fait, on avait la chance de pouvoir doubler pratiquement tous les postes. C'est un avantage, c'est pour ça qu'on dit qu'on déroulait : on pouvait jouer de la même manière partout et on se faisait respecter. »

« AU MATCH ALLER, IL Y A UNE PETITE HISTOIRE »

Les joueurs de l'OL l'ont appris à leurs dépens dès le match aller, le 5 octobre 1969. « La victoire 7-1 à Lyon, c'était un dimanche après-midi, quatre jours après qu'on a battu le Bayern Munich 3-0 chez nous (en 16e de finale de retour de la Coupe d'Europe, défaite 2-0 à l'aller, NDLR), rembobine Hervé Revelli. On avait gagné en prolongation et l'équipe lyonnaise, qu'on rencontrait juste après, était dans les tribunes. Je me souviens mieux de ce match-là que du 6-0, car il y a une petite histoire. On élimine le Bayern et les Lyonnais déclarent dans la presse qu'étant donné qu'on avait joué une prolongation, on allait être cuits et qu'ils n'allaient faire qu'une bouchée de Saint-Étienne à Lyon. » Face à des Verts chauffés à blanc par ces déclarations, les Lyonnais n'ont pas eu d'autre choix que de tendre la première joue.

Le 9 avril 1961, autre jour de derby, l'avion du *Progrès* survole le stade. Ce jour-là les Stéphanois l'emporteront 4-2.
Archives *Le Progrès*

PREMIER DERBY

Aux Verts le premier derby, ce 23 mars 1952, grâce à Alpsteg et… aux grenouilles.

Il paraît que les matchs se gagnent autant avant que sur le terrain. La fameuse préparation invisible dirait-on aujourd'hui. À la veille de leur premier derby disputé à Geoffroy-Guichard le 23 mars 1952 (à l'aller, l'OL l'avait emporté 4-2), les Lyonnais ont, semble-t-il, tout fait à l'envers. Rassemblés pour la première fois en mise au vert, on leur sert à l'hôtel des grenouilles qui nagent dans le beurre persillé. Un plat indigeste qui va leur rester sur l'estomac autant que la victoire par le plus petit des scores (1-0) des Stéphanois. Si les Gones ne maîtrisent pas encore la diététique, ils ont tout compris de la notion d'engagement que demande un derby. Un peu trop même. Après une demi-heure de jeu, les Verts déplorent trois blessés… qui seront obligés de rester sur la pelouse faute de remplaçants. Tinola, blessé au ▸▸▸

genou, boitera tout le match comme De Cecco alors qu'un autre de leur coéquipier aura l'arcade ouverte. Mais dans une ambiance déjà passionnée à en croire les gazettes de l'époque, ce sont les Stéphanois qui rigolent à la fin. Sur un débordement de Kees Rijveers, l'homme du match, Léon Alpsteg ne loupe pas l'offrande (34e). L'histoire ne dit pas si les joueurs de l'OL ont goûté de nouveau aux grenouilles…

Tête du Stéphanois Schramm. Ferrière, le gardien stéphanois, cueille une balle devant Woehl. Archives *Le Progrès*. *Le Progrès* (Loire) du 24 mars 1952, Bibliothèque municipale de Lyon.

Sans être un derby techniquement parlant, la rencontre marquera néanmoins l'histoire du foot régional. Archives *Le Progrès*

ASSE – LE PUY, 42 000 SPECTATEURS ET UN RECORD D'AFFLUENCE EN D2

Le Franco-Suisse Pierre-Yves Thomas, qui fut gardien du temple ponot au mitan des années 1980, en a encore des frissons. « Ce match à Geoffroy-Guichard m'a marqué à vie. Plus de 42 000 spectateurs, vous vous rendez compte ? Toute la Haute-Loire était à Saint-Étienne ce soir-là. » Quelques jours après l'oubliée finale intercontinentale des nations qui opposait l'équipe de France à l'Uruguay devant seulement 20 000 spectateurs au parc des Princes, l'affluence fait sensation. Elle constituera d'ailleurs longtemps le record pour un match de division 2. Alors leaders, les Ponots sont battus par plus réalistes qu'eux malgré un jeu léché. Ce soir-là, la réussite est stéphanoise. François Makita, après que le ballon a roulé sur la ligne, ouvre la marque pour les Verts (24e). Jean-François Daniel (49e), d'un lob, scelle la victoire forézienne (2-0). Le CO Le Puy conserva néanmoins la première place du classement devant l'ASSE, revenue à un point. Mais en fin de saison, ce sont bien les Verts qui retrouvent la division 1.

LA FICHE TECHNIQUE

À Geoffroy-Guichard, le 23 août 1985, l'ASSE bat le CO Le Puy 2-0 (mi-temps : 1-0).

Affluence : 42 584 spectateurs.

ASSE : Castaneda, Ferri (E. Clavelloux, 57e), Primard, Gilles, Oleksiak, Peycelon, Daniel, Ribar, Makita, Kurbos, Milla (Bellus, 78e).

Le Puy : Thomas, Malhomme, Burnier, Bargas, Lepeltier, Bonin (Lachassagne, 55e), Antonetti, Lemonnier, N'Domba, Acosta, Nosibor (Rolland 55e).

LEUR GEOFFROY-GUICHARD

FRANÇOIS BERLÉAND : « J'ÉTAIS FOU DES VERTS »

De 1975 à 1981, l'acteur était permanent à la Comédie de Saint-Étienne où il a joué une douzaine de pièces mises en scène par Daniel Benoin. Pendant cette période, François Berléand a, bien sûr, fréquenté le « Chaudron » : « J'avais vu le match ASSE – Sofia (29 septembre 1976) debout, en tribunes populaires. On était comprimés, c'était assez étonnant mais extraordinaire d'être debout comme ça, avec des chants. J'avais aussi assisté au match contre Manchester United (le 14 septembre 1977). J'étais en tribune présidentielle ce jour-là et j'ai compris qu'il aurait pu y avoir beaucoup de morts (les hooligans anglais avaient semé la terreur au stade Geoffroy-Guichard, NDLR). Il n'y avait aucune sécurité, les gens pouvaient se faire écraser. Pour voir des matchs, ce n'était pas simple parce que, souvent, on était sur scène en même temps que l'ASSE jouait. J'ai quand même pu voir pas mal de rencontres à la télé et quelques Saint-Étienne – Nantes qui étaient des gros matchs à l'époque, presque des finales de championnat de France. Nantes était la seule équipe qui pouvait battre Saint-Étienne. J'étais fou des Verts », nous avait-il confié en 2019. Au cours de ses années stéphanoises, l'acteur césarisé en 2000 a même habité chez un ancien Vert : « Pendant quelques années, on avait loué à quatre comédiens la maison de Patrick Revelli du côté de Valbenoîte. À cette époque, l'attaquant évoluait à Sochaux. »

Photo *Le Progrès* / Michel Taffin

Photo *Le Progrès* / Romain Gavidia (CLP)

TERRENOIRE : « C'EST L'ENDROIT DE LIESSE DEPUIS 90 ANS. »

Interview croisé des frères Herrerias, duo du groupe musical Terrenoire, Révélation masculine aux Victoires de la musique 2022.

Raphaël : « On a un donné le coup d'envoi d'ASSE-Nantes le 22 décembre 2021, notre plus grand fait d'armes à Geoffroy-Guichard. C'était beaucoup d'émotion. En tant que public, on ressent ce frisson. Par contre, au niveau du terrain, c'est l'arène des gladiateurs. C'est du soutien, de l'énergie positive. Les mecs doivent avoir toujours un peu la pression. Dès que tu arrives sur le terrain, tu dois te sentir transformé dans ton état d'esprit. »

Théo : « Il y a une histoire industrielle et entrepreneuriale. Geoffroy Guichard, c'est l'épicier qui crée Casino avec son beau-père et l'Association sportive de Casino qui deviendra l'ASSE. C'était tous les employés qui venaient jouer. C'est très puissant ce qu'une entreprise génère sur le récit d'une ville. Et ça restera des symboles très importants pour tous les Stéphanois : on a le Géant Casino où ils vont faire leurs courses et le week-end, tout le monde va au match au stade. C'est l'endroit de liesse depuis 90 ans. »

Raphaël : « Un concert à Geoffroy-Guichard, ce serait vraiment dingue. Avec de belles chansons de supporters, des artistes locaux, que ce soit un moment collectif. Sur un terrain, faire des passes aux autres, c'est important. »

VINCENT DULUC :
« UN PHARE DANS LA NUIT »

Souvenirs du journaliste à L'Équipe et auteur d'Un printemps 76 (Stock). « Mon premier souvenir de Geoffroy-Guichard, c'est mon premier match comme spectateur qui se trouve être celui contre Kiev à l'occasion d'un déplacement en car organisé par mon lycée. Je suis arrivé au stade à 16 h 30 pour assister au lever de rideau avec Laurent Roussey, 13 ans comme moi, en vedette américaine. J'étais au premier rang, collé contre le grillage, derrière les cages de Rudakov. J'ai donc assisté de près au but de Rocheteau que j'ai confondu avec… Piazza à cause de leur chevelure. J'en garde le souvenir du bruit et de la fureur de ces soirées-là, des gars perchés sur les poutrelles métalliques sous le toit de la tribune populaire. Et du côté phare dans la nuit qui donnait au stade un côté magique. Mais aussi des supporters qui chantaient « Allez, allez Saint-Étienne » sur l'air de l'*Ave Maria*. Geoffroy-Guichard a vraiment été un stade spécial. J'avoue que je garde la nostalgie de l'époque où il n'y avait qu'un seul niveau de populaire. Même si on n'a pas une perception identique du stade quand on est journaliste ou supporter. Comme dans beaucoup d'enceintes, on est placés trop haut en tribune de presse et il manque vraiment quelque chose. J'avais d'ailleurs été invité par Roland Romeyer à la sortie de mon livre Un printemps 76 à suivre un match en loge avec mon père de 81 ans, Stéphanois et amoureux des Verts. Au début, il était content, et puis au bout d'un moment, il me dit en me montrant les kops avec envie : "C'est là-bas chez moi." »

Photo *Le Progrès* / Remy Perrin

Photo *Le Progrès* / Yves Flammin

ÉLODIE CLOUVEL :
« J'ÉTAIS MÊME DANS LES POGOS, ON ÉTAIT DES FOUS À L'ÉPOQUE. »

Née à Saint-Priest-en-Jarez, Elodie Clouvel, 33 ans a été médaillée d'argent en pentathlon moderne lors des Jeux olympiques de Rio en 2016.

« Quand j'étais plus jeune, j'allais tout le temps au stade avec des amis. J'étais même dans les pogos, on était des fous à l'époque (rire). Cela me rappelle de bons souvenirs. Après ma médaille d'argent en pentathlon moderne lors des Jeux olympiques de Rio, en 2016, j'ai donné le coup d'envoi du match contre l'OM (en novembre, NDLR). J'étais dans une posture différente, sur le terrain et au plus près des joueurs. C'était vraiment sympa. J'adore l'ambiance qui règne dans le Chaudron. Il y a une vraie bonne énergie qui porte les joueurs. Quand tu es athlète, c'est ça qui est bon. On fait du sport pour avoir des supporters qui nous encouragent, nous poussent. Cela m'a manqué lors des JO de Tokyo. J'espère qu'en 2024, à Paris, le public sera présent et y mettra tout son cœur. En tout cas, les Verts m'encouragent à chacune de mes compétitions. J'ai un vrai lien avec eux. »

BERNARD LAVILLIERS :
« C'ÉTAIT UNE VRAIE AMBIANCE PASSIONNELLE DANS LE PUBLIC »

À plusieurs reprises, l'auteur-compositeur stéphanois a évoqué le stade dans nos colonnes. « Très jeune, j'allais avec mon père et mon frère voir l'ASSE au Chaudron. Quand j'ai commencé à suivre les Verts, ils étaient descendus en deuxième division, puis remontés la saison suivante et avaient fini premiers l'année d'après (saisons 1961-1962 à 1963-1964, NDRL). J'allais voir les matchs à l'époque des frères Tylinski et de Robert Herbin. J'ai beaucoup fréquenté Geoffroy-Guichard à la grande époque de 1976. L'AS Saint-Étienne était le symbole de la ville. C'est bizarre, parce que l'ASSE a été au top quand la ville s'effondrait dans les années 1970. »

Photo *Le Progrès* / Maxime Jegat

« CHACUN A SON PETIT CHEZ SOI À L'INTÉRIEUR DU STADE »

Des groupes ultras sont devenus indissociables du stade Geoffroy-Guichard. Spécialiste du «supportérisme», Pascal Charroin revient sur leur arrivée à Saint-Étienne.

Le groupe Magic Fans, né en 1991. Photos Archives *Le Progrès* / Yves Flammin

Les groupes ultras tels qu'on les connaît arrivent dans les années 1970 à Saint-Étienne…
« Il y a d'abord l'influence du modèle anglo-saxon, qui est une notion de bande, une logique de connivence de quartier. Puis dans les années 1980, l'influence du « supportérisme » ultra à l'italienne: des groupes ultras très structurés. Il existe alors un groupe qu'on pourrait qualifier d'ultras, qui s'appelle Fan Club, créé en 1984 dans le gradin nord. Ensuite, des relais ont été pris par les Magic Fans, les Green Angels, les Indépendantistes, etc. »

Comment pourrait-on définir sociologiquement les ultras ?
« C'est éclectique, mais on sait que ce qui caractérise les groupes ultras, c'est le critère de l'âge et pas la catégorie socioprofessionnelle puisque la plupart sont lycéens, étudiants ou dans un premier emploi. Au moment de la genèse, l'idée était de créer quelque chose de relativement jeune, même si aujourd'hui certains ont de la bouteille : 30, 40, voire 50 ans. L'origine sociale, notamment des parents, est plus difficile à déterminer. »

Quelles sont les différences entre les groupes de supporters stéphanois ?
« Il y a deux courants principaux. La culture incarnée par les Magic Fans (kop nord) et celle incarnée par les Green Angels (kop sud). On dit même que la couleur politique n'est pas la même : à droite côté Magic, à gauche côté Green. Culturel- ▸▸▸

Les Greens Angels, groupe créé en 1992. Photos Archives *Le Progrès* / Yves Flammin

LES GROUPES ULTRAS

MAGIC FANS (« MF91 »)
Kop nord

Date de création et contexte : 20 juillet 1991. Les Magic prennent le relais des Fighters, dont leurs créateurs sont issus. Lorsque le groupe des Fighters est dissout totalement en 1993, la plupart de ses membres rejoignent les Magic Fans.

Emblèmes : une tête de mort ; le visage d'Alex, personnage principal du film Orange mécanique de Stanley Kubrick.

Nombre de membres : environ 1 200.

GREEN ANGELS (« GA92 »)
Kop sud

Date de création et contexte : 13 février 1992. Soit un peu moins d'un an après la création des Magic Fans. Ils sont alors positionnés dans le kop nord, ce qui entraîne un conflit de territoire. Ils basculeront finalement en 1996 dans la tribune Jean-Snella (kop sud) à la suite de sa rénovation.

Emblèmes : la panthère ; Cochise, un chef indien de la tribu apache Chiricahua, symbole de liberté et de lutte.

Nombre de membres : environ 1 000.

lement, les Green cultivent plus la culture gaga, l'héritage ouvrier et prolétaire qu'incarne le club, à travers l'accent ou les slogans qu'ils peuvent choisir. Les Magic s'émancipent un peu de ça, ils sont moins portés sur le localisme. »

Quelles relations entretiennent les groupes entre eux ?

« Les relations ont été compliquées au début, avec des conflits de territoire. Le kop nord était plus dur mais moins localiste. Le gradin sud à l'inverse l'était plus, et peut-être moins exubérant. Mais par la suite, les relations ont été plutôt bonnes. Ils avaient un ennemi commun qui s'incarnait dans les policiers et les interdictions. Face à cette animosité, ils se sont très vite retrouvés sur la même longueur d'onde. »

Que représente le stade Geoffroy-Guichard pour les ultras stéphanois ?

« Il y a eu des projets de création d'un nouveau stade, et les ultras n'y étaient pas favorables. Par principe, les ultras et les autres supporters sont attachés à leur stade. Le stade est un lieu territorialisé. Je pense que c'est la symbolique de l'emplacement à l'intérieur du stade qui est importante : aller dans les kops, au nord ou au sud, se rendre dans les salons… Il y a un attachement territorial et parcellisé qui est important. Chacun a son petit chez soi à l'intérieur du stade. »

Pascal Charroin, historien au département STPAS de l'université Jean-Monnet de Saint-Étienne.
Photo *Le Progrès* / Guillaume Laclotre

AUTRE GROUPE DE SUPPORTERS

Indépendantistes stéphanois 1998 (« IS98 »)

Date de création et contexte : 23 septembre 1998. Une bande d'amis décide de créer un groupe pour s'émanciper des mouvements ultras, avec comme objectif, notamment, de suivre les Verts partout en déplacement. À domicile, ses membres sont répartis partout dans le stade, bien qu'en majorité situés dans le kop nord.

Emblème : l'étoile symbolisant les dix titres de champion de France du club.

Nombre de membres : environ 350.

LES ASSOCIATIONS DE SUPPORTERS

- **La Fédération des associés supporters**, héritage des « Membres associés » voulus par Roger Rocher en 1970 qui deviendront ensuite les « Associés supporters ». Elle revendique aujourd'hui 4 500 adhérents répartis dans près de 220 sections en France et à l'étranger.

- **L'Union des supporters stéphanois**, créée le 25 mai 2005. Elle fédère 34 associations de supporters répartis dans toute la France et dans les DOM. Elle recense actuellement près de 1 500 membres.

DÈS 1934

La première association officielle de supporters à Saint-Étienne est créée le 31 août 1934 sous la présidence de monsieur Cognet. Le siège se situe au café des Colonnes, place Jean-Jaurès à Saint-Étienne.

Archives municipales de Saint-Étienne, fonds Léon Leponce / 5 Fi 7483

Geoffroy-Guichard n'est rien sans ses tifos

Les supporters redoublent toujours d'ingéniosité dans la confection de leurs tifos, étroitement liés à l'histoire du stade Geoffroy-Guichard. Les meilleurs sont généralement de sortie pour les gros matchs de championnat (Lyon, Paris, Marseille) ou les grands rendez-vous européens. Le tifo est l'occasion de célébrer, faire passer des messages, évoquer l'histoire, ou encourager. Petit tour d'horizon très subjectif, illustrant le talent et l'originalité des ultras stéphanois.

LE CŒUR

Le 4 février 2004, les Verts reçoivent le FC Sochaux-Montbéliard en demi-finale de Coupe de la Ligue. Pensionnaires de Ligue 2, les Stéphanois rêvent de finale, leurs supporters aussi. À l'entrée des joueurs, le kop sud sort un tifo représentant un cœur et ses vibrations. Au pied de la tribune, une banderole : « Faites-le vibrer jusqu'à Paris. » Éternel.

Archives *Le Progrès* / Fabrice Roure

LE SYMBOLE

Sans conteste l'un des plus beaux tifos de l'histoire du stade Geoffroy-Guichard. Ce 11 décembre 2005, l'ASSE accueille l'OL et les Green Angels 92 exposent une immense bâche recouvrant toute la tribune sud. Un dessin magnifique apparaît représentant un lion à terre et en sang qui est la proie d'une panthère, avec une banderole : « Ne laissez pas souffrir ce lion blessé : abattez-le ! » Le tifo avait-il fuité ? Les Lyonnais répondent immédiatement : « GA92 : range ta panthère. Au royaume de la L1, le lion est roi. »

Photo Philippe Masseguin

LES 20 ANS DES MAGIC FANS 91

Le 29 mai 2011, les Magic Fans célèbrent leurs 20 ans. Après un tifo pendant l'échauffement des joueurs, l'entrée des deux équipes est marquée par une série d'images splendides. Les ultras réussissent à mobiliser tous les supporters de la tribune pour enchaîner en quelques secondes, quatre brandissements de feuilles : successivement « 1991 », « MF 91 », « 2011 », « 20 ans », entrecoupées des évolutions de leur emblème, la tête de mort. Le rendu est superbe.

Archives *Le Progrès* / Philippe Vacher

LES 25 ANS DES GREEN ANGELS 92

Pour fêter leur 25e anniversaire, les Green Angels 92 font dans le sentimental. Ce dimanche 14 mai 2017, face au PSG, c'est aussi la dernière de Christophe Galtier sur le banc des Verts. À base de tifos et de banderoles dans lesquelles ils reprennent le refrain d'une célèbre chanson de Louise Attaque, ils rappellent, avec l'Apache, leur emblème, et le blason de la ville : « Notre amour est éternel. » Bien trouvé.

Archives *Le Progrès* / Yves Flammin

Archives *Le Progrès* / Philippe Vacher

LE PASSÉ

Attachés à l'histoire de Saint-Étienne, les ultras y font souvent référence. Dimanche 20 janvier 2019, les Magic Fans décident, lors du derby, d'évoquer le passé minier du territoire. Avec des feuilles noires puis vertes et blanches de part et d'autre du kop nord, le groupe exhibe un splendide portrait de gueule noire. Un ancien mineur qui brandit une lampe. Émouvant.

ÉMILE ROBERT, LE DOYEN DU CHAUDRON

Centenaire et joueur de l'ASSE dans les années 1940, toujours abonné à Geoffroy-Guichard, il est le plus ancien supporter du club. Et le témoin de l'évolution d'un stade devenu mythique.

Émile Robert dans le salon de son appartement à Saint-Étienne. Photo *Le Progrès* / Rémy Perrin

100 ans. Et presque autant d'années à vibrer pour l'AS Saint-Étienne. « J'ai vu le premier match des Verts en 1933 », retrace Émile Robert, né le 8 mai 1921 à Saint-Jeures (Haute-Loire) et témoin privilégié de l'évolution d'un stade devenu mythique. Car « Milou », garant de la mémoire verte, n'a pas seulement fréquenté les tribunes. Il a aussi foulé la pelouse de l'écrin stéphanois.
Une fois son brevet de comptabilité en poche sur injonction de son père, il prend sa licence chez les Verts en 1938. Il commence avec l'équipe 4, jusqu'à intégrer le groupe pro- ▸▸▸

fessionnel. « C'est curieux ma vie… Il a toujours fallu que je grimpe les échelons », sourit-il en évoquant sa carrière de comptable et son parcours de footballeur. Il disputera 12 matchs avec les Verts entre 1941 et 1943, principalement dans le cadre du championnat de guerre. « J'ai joué avec de grands joueurs : Tax, Snella, Llense… », souffle le plus ancien licencié de l'ASSE.
Le temps aussi pour l'inter droit (milieu offensif), bon dribbleur, d'inscrire un but en 16e de finale de la Coupe de France contre Cote-Chaude Sportif à… Geoffroy-Guichard. « Il y avait une usine juste derrière avec de grandes cheminées qui crachaient des fumées nauséabondes », se remémore Émile Robert. Un stade d'avant-guerre, incomparable à sa version contemporaine. « Les vestiaires, ça n'avait rien à voir (rires), explique-t-il. Il y avait un petit lavabo, une douche où on rentrait à deux, l'eau était plus froide que chaude, et deux portemanteaux pour mettre nos affaires. »
Son service de travail obligatoire (STO) en Autriche l'éloignera définitivement des pros de l'ASSE. À son retour 26 mois plus tard, il continue de jouer en amateur à Saint-Chamond puis Rive-de-Gier avant de devenir entraîneur à Saint-Didier-en-Velay. Et retrouve son stade pour supporter les Verts. « Je suis le doyen c'est sûr, confirme-t-il non sans fierté. Je suis abonné depuis… je ne peux même pas vous dire. » Aujourd'hui, même les marches imposantes de la tribune Pierre-Faurand ne l'empêchent pas de se rendre à Geoffroy-Guichard, aidé par son cousin. « Le stade a bientôt 100 ans… comme moi ! J'espère que je pourrai y aller encore quelques années. »

« Le stade a bientôt 100 ans… Comme moi ! »

Émile Robert dans les tribunes. Photo *Le Progrès* / Philippe Vacher

SON MEILLEUR SOUVENIR : LA VICTOIRE CONTRE SPLIT EN COUPE D'EUROPE

Depuis que Geoffroy-Guichard est sorti de terre, Émile Robert ne compte plus le nombre de fois où il a vu jouer l'AS Saint-Étienne. « Il y a eu tellement de beaux matchs… Avec Platini notamment », confie-t-il. Mais son souvenir le plus marquant ? « Le match de Coupe d'Europe contre Split où ils ont gagné 5-1 (1974). » Les Verts s'inclinent sévèrement 4-1 à l'aller en Croatie, mais renversent la vapeur à Saint-Étienne et se qualifient pour les quarts de finale de la Coupe des clubs champions, ancêtre de la Ligue des champions. « C'était la remontada. J'étais en tribune Henri-Point, mais debout parce qu'il n'y avait pas de sièges », se souvient le doyen du Chaudron. Cette année-là, le parcours des Revelli, Larqué, Curkovic et consorts s'étend jusqu'en demi-finale et une élimination contre le Bayern Munich.

POUR QUE LE STADE TOURNE ROND

«QUI FAIT QUOI ?»

Saint-Étienne Métropole, club, État : tous travaillent au bon fonctionnement de l'équipement.

Saint-Étienne Métropole, propriétaire du stade, est en charge de toute l'infrastructure technique du lieu, de la sécurité incendie, de l'aire de jeu et de l'accès. Directeur, responsables administratif et technique, agents de maîtrise coordonnent une équipe pluridisciplinaire composée d'agents de sécurité incendie, de chargés d'accueil, jardiniers… La collectivité sous-traite certaines prestations comme l'électricité et la vidéosurveillance. Les jours de match, elle pilote avec la ville de Saint-Étienne le nettoyage des abords et les forces de police municipale. Ces jours-là, c'est le club qui gère certaines tâches comme la sécurité de l'événement à l'intérieur du site, le secours aux personnes, les dispositifs liés à la compétition, les médias, le contrôle d'accès et les parkings, l'accueil, l'offre commerciale, le protocole. Le reste du temps, le club administre les salons et exploite la billetterie.

Quant à l'État, il est présent sur le volet sécurité : via la police nationale aux abords du stade et si nécessaire à l'intérieur, via la sécurité incendie avec le SDIS, via la gendarmerie pour sécuriser les lieux de résidence des joueurs visiteurs. En cas de problème, le poste de commandement (PC) est sous son autorité.

Archives Drone Reporter 42

Photo *Le Progrès* / Romain Colange

CINQ JARDINIERS SEPT JOURS SUR SEPT

Ils sont aussi les garants du spectacle proposé dans le Chaudron. Sept jours sur sept, cinq jardiniers employés par Saint-Étienne Métropole, propriétaire de l'enceinte, agissent dans l'ombre. Maxime et Sébastien – le plus ancien – bichonnent le rectangle vert, en compagnie de David et Jason, deux apprentis. Sans oublier Nolwenn, nouvellement arrivé il y a deux ans, qui ne cache pas sa fierté d'œuvrer dans un lieu « prestigieux. Il n'y a qu'un Geoffroy-Guichard sur terre ». Ensemble, ils en prennent le plus grand soin. La tonte de la pelouse, le traçage des lignes, la remise en état à la mi-temps des matchs sont les parties visibles de leurs travaux aux yeux du public. Mais il y a aussi les relevés hydriques ou encore la manutention des équipements de luminothérapie afin de « parer aux carences en lumière en raison du bâtiment. L'été, le terrain est ensoleillé à 95 %. L'hiver, plus de 60 % ne voient jamais le jour », dévoilent les jardiniers, dont le rôle est primordial.

ALAIN BLACHON, LE GUIDE DU TEMPLE

Sa reconversion bénévole lui trottait dans la tête alors qu'il était encore un acteur du club. C'est une fois sa carrière pour de bon derrière lui, après un dernier contrat d'adjoint à Cholet, qu'Alain Blachon est venu compléter à l'automne 2019 l'équipe de guides du stade Geoffroy-Guichard. C'est une chance pour l'ASSE de pouvoir s'appuyer sur la mémoire vivante d'un de ses acteurs contemporains. L'ancien adjoint de Christophe Galtier de 2010 à 2015, préparateur physique sous l'ère Élie Baup (1994 à 1996) ou encore responsable du centre de formation, connaît la petite et la grande histoire des Verts sur le bout des doigts. Le très bavard Blachon a beau regarder sa montre, sa verve l'emporte souvent au-delà de l'heure normalement réservée aux visites menant de la pelouse aux entrailles de l'enceinte. À 69 ans, sa nostalgie demeure d'ailleurs intacte quand il accompagne les touristes de passage au cœur du vestiaire, lieu de « l'intime » du Chaudron pour ce gardien du temple vert.

Photo *Le Progrès* / Yves Salvat

Photo *Le Progrès* / Philippe Vacher

INSOLITE : UN FAUCON CONTRE LES PIGEONS

Sollicité par le responsable technique du stade, le fauconnier Guy Namon est intervenu pour chasser les pigeons. Après l'échec des effaroucheurs sonores et autres rapaces factices, c'est un animal bien en plumes qui a délogé les hôtes indésirables en 2012.

EMMANUEL DEMONT, LA VOIX DU STADE

Le speaker de l'ASSE est à l'image du public de Geoffroy-Guichard : il est tombé dans le Chaudron tout petit.

Emmanuel Demont. Archives *Le Progrès* / Yves Salvat

Premiers souvenirs, c'était en 1980. « J'avais six ou sept ans… C'était contre Monaco et à cette époque, on pouvait côtoyer les joueurs, j'avais eu les dédicaces de Janvion, Lopez et Castaneda que j'adorais. Habitant Roanne, et ma famille n'ayant pas des moyens surdimensionnés, je ne pouvais pas y aller tout le temps. »
Surdimensionné, son planning l'est depuis des années. Responsable de la communication de Roannais Agglomération, chargé de l'animation à la Chorale de Roanne Basket où il a joué jusqu'en minimes, joueur de cornemuse, son terrain de jeu ne pouvait être qu'un lieu aussi mythique que Geoffroy-Guichard. « J'ai tenu un micro dès mes trois ou quatre ans, j'ai fait de la radio dès mes 14 ans. Mon premier match en tant que speaker, c'était en 2009 face à Nantes dans un stade bouillant, comme toujours. On avait gagné 2-1 avec un doublé d'Ilan ! Me retrouver au milieu de la pelouse et interagir avec le public, c'est unique ! » Car à Geoffroy-Guichard, la présentation des joueurs est un jeu, plus : une tradition. À peine Emmanuel Demont évoque le prénom que le public scande le nom…
Des souvenirs, il en a autant ▸▸▸

LE STADE, UN TEMPLE À SOUVENIRS

« L'un de mes plus beaux souvenirs, c'est le 5-1 contre l'OM avec le quadruplé d'Alex. Lors du "match contre la pauvreté", je lui ai demandé de refaire la panthère, c'était le kif total de faire revivre ce moment-là aux supporters », insiste Emmanuel Demont. Au fil des matchs, des saisons, la passion est intacte. « J'ai récupéré le maillot de Beric après son but à la dernière minute contre l'OL… Sur le but de Boudebouz en finale de la Coupe de France, je saute partout, que de moments forts… » Les mêmes que pour des dizaines de milliers de supporters pour qui Geoffroy-Guichard est magique, de génération en génération. Alors, chef d'orchestre dans une telle osmose, Emmanuel Demont vit un rêve lui aussi. Comme la Coupe du monde de rugby en 2007… « C'était génial avec l'Écosse, quelle fête ! » Geoffroy-Guichard est bien un théâtre d'émotions, un temple à souvenirs et surtout pour toujours, la scène des Verts, d'une ambiance éternelle qui a survécu à toutes les incertitudes du sport.
Un stade, une âme, une évidence.

Photo coll. part.

qu'il y a de sièges dans l'enceinte qui pour lui est sacrée. « Pour en parler avec d'autres speakers, Geoffroy-Guichard, c'est une ambiance unique. Il y a aussi peut-être Lens », poursuit le locataire des lieux à chaque match.

« Interagir avec le public, c'est unique »

« Il n'y a qu'à Saint-Étienne que l'on peut ressentir une telle ambiance », précise-t-il, se remémorant notamment aussi le « match contre la pauvreté en 2015 ». « J'ai pu interviewer Zizou, Ronaldo, revoir les anciennes gloires de l'ASSE sur scène. »
Le mot est lâché, la pelouse du stade Geoffroy-Guichard est bien plus que cela, c'est une scène, un lieu de communion, un concert d'émotions et d'union.

Archives *Le Progrès* / Photo coll. part.

Le 20 avril 2015, « le match contre la pauvreté » organisé par Les Amis de Zidane et Ronaldo et l'ASSE All Stars (ici Zidane et Pérez). Score finale 7-9. Archives *Le Progrès* / Celik Erkul

CHAPITRE 3

Champions au Chaudron

Euro 84, Coupe du monde 1998, Euro 2016 : le stade a vu se dérouler des rencontres marquantes lors de compétitions internationales et accueilli les équipes nationales et les champions qui vont avec.

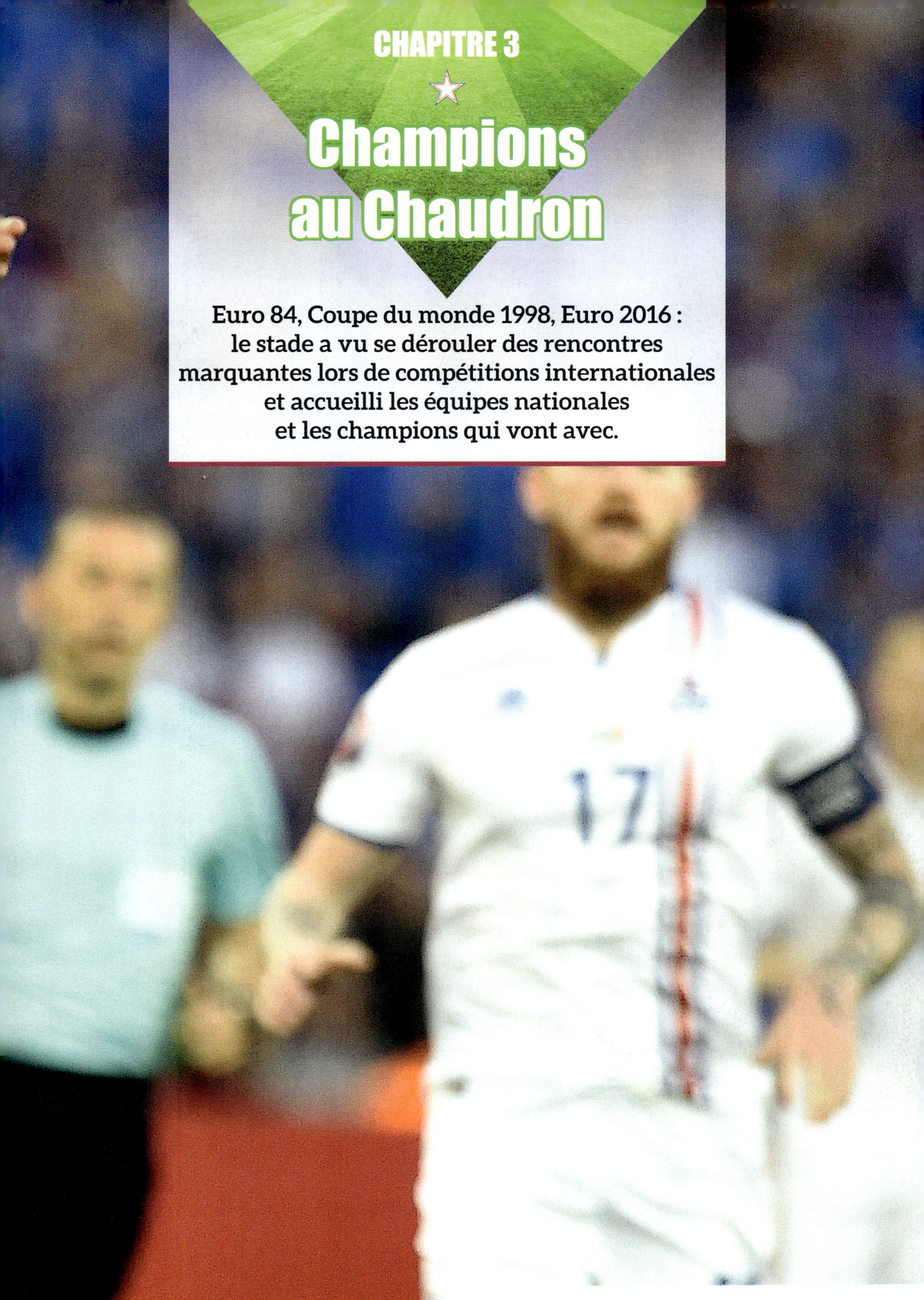

Cristiano Ronaldo le 14 juin 2016 lors de la rencontre Portugal-Islande. Archives *Le Progrès* / Philippe Vacher

EURO 1984 : MICHEL PLATINI AU SOMMET DE SON ART

Ce retour de Michel Platini à Geoffroy-Guichard pour le dernier match de poule de l'équipe de France à l'Euro 1984 restera dans les mémoires. Un récital, trois buts, le Ballon d'or régale Saint-Étienne.

Ce retour de Michel Platini à Geoffroy-Guichard pour le dernier match de poule de l'équipe de France à l'Euro 1984 restera dans les mémoires. Un récital, trois buts, le Ballon d'or régale Saint-Étienne.
Roger Rocher et Pierre Garonnaire avaient réussi un énorme coup en faisant signer Michel Platini à l'ASSE en 1979. Si au final son passage restera mitigé – 58 buts en championnat sur les trois saisons, mais le diamant s'est poli –, il a progressé avant d'exploser son talent à la face de l'Europe avec la Juventus de Turin. Pour cette première de l'équipe de France à Saint-Étienne, le chef-d'œuvre est déjà en cours. Les Bleus sont invaincus (1-0 contre le Danemark, 5-0 contre la Belgique) et Michel Platini a déjà inscrit quatre buts, dont un coup du chapeau face aux protégés d'Enzo Scifo.
La Yougoslavie est éliminée mais veut bien terminer face à la France. Geoffroy-Guichard a été rénové pour cet Euro avec 48 274 places. Et le spectacle est au rendez-vous, dans les tribunes d'abord. La France joue un peu bas et Sestic ouvre le score d'une frappe superbe, mais le Chaudron pousse. « En deuxième mi-temps, je me suis porté beaucoup plus devant », dira le maestro. Michel Hidalgo replace le seul Ligérien présent, Jean-Marc Ferreri, plus à droite… Et le natif de Charlieu qui centre… ▸▸▸

Platini termine meilleur buteur de la compétition avec un record de neuf buts en cinq matchs. Archives *Le Progrès*

Le premier but de Michel Platin. Archives *Le Progrès* / Yves Flammin

Michel Platini égalise du point de penalty d'un tir décroisé.
Mais le meilleur arrive à la 62e minute avec une tête plongeante de l'omniprésent Michel Platini, à dix mètres du but. Un vol plané qui met son statut en orbite s'il en était besoin. Le stade se lève mais exulte lorsque son ancien joueur répète ce geste, un poing levé en direction du kop nord. Un clin d'œil qui n'empêchera pas Michel Platini de terminer son œuvre, par sa spécialité. Le coup franc est à Michel Platini ce qu'est le saumon à l'oseille pour Pierre Troisgros.
Celui qu'il cuisine à la 77e est un bijou de finesse, juste assez assaisonné pour finir dans la lucarne d'un Simovic impuissant. Le but de Stojkovic ne changera rien, les Bleus l'emportent 3-2 et terminent premiers dans une ambiance indescriptible. Le Chaudron montre encore pourquoi on le surnomme ainsi devant toute l'Europe.

La voie est tracée, la France ira battre le Portugal à Marseille (3-2 a.p.) avec le but décisif de Michel Platini, puis l'Espagne en finale au parc des Princes.

Le coup franc magistral, la signature de l'artiste

L'équipe de France remporte sa première compétition internationale, Platini termine meilleur buteur avec neuf buts en cinq matchs, un record ! Deux triplés, des buts décisifs, des bijoux… ce match à Geoffroy-Guichard restera comme un des chefs-d'œuvre de celui qui remportera la même année le championnat d'Italie, la Coupe d'Europe des vainqueurs de coupes. En 1984, Michel Platini est au sommet de son art et tout Geoffroy-Guichard a pu le célébrer avec ce magnifique triplé… Chapeau l'artiste.

LA FICHE TECHNIQUE

À Geoffroy-Guichard, , le 19 juin 1984, dernier match de poule de l'Euro 1984, la France bat la Yougoslavie 3-2.

Affluence : 45 789 spectateurs.

Arbitre : M. Daina (Suisse).

Buts : Platini (59e, 62e, 77e) pour les Bleus ; Sestic (32e) et Stojkovic (80e) pour la Yougoslavie.

France : Bats, Fernandez, Battiston, Bossis, Domergue, Tigana, Giresse, Ferreri (puis Bravo, 77e) , Platini, Rocheteau (Tusseau, 46e) , Six.

Sélectionneur : Michel Hidalgo.

Yougoslavie : Simovic, Radanovic, N. Stojkovic, Zajec, Miljus, Sestic, Gudelj, Bazdarevic (Katanec, 85e), D. Stojkovic, Susic, Vujovic (Deveric, 60e).

Sélectionneur : Todor Veselinovic.

COUPE DU MONDE 1998 : LA FÊTE PLUS QUE LA BEAUTÉ DU JEU

Remportée par la France, la Coupe du Monde 98 a fait escale à Geoffroy-Guichard pour six matchs qui ont surtout retenti dans les bars et rues de Saint-Étienne.

Présentation des équipes d'Espagne et du Paraguay dans un stade rénové. Archives *Le Progrès* / Joël Philippon

Que retiendra-t-on des six matchs de la Coupe du monde disputés dans un Geoffroy-Guichard entièrement rénové ? À vrai dire pas grand-chose sur le plan du jeu si l'on met à part évidemment l'orgasmique huitième de finale entre l'Angleterre et l'Argentine (lire par ailleurs) et à un moindre degré, le renversant Pays-Bas – Mexique (2-2) qui verra les Bataves mener rapidement 2-0 avant que les Sud-Américains ne marquent deux buts, dont un à la 90e minute.

Passé la fierté et la consécration d'accueillir la première opposition entre la Yougoslavie et l'Iran (1-0), c'est l'ennui qui gagnera les spectateurs du Chaudron. L'affiche entre le Chili et l'Autriche (1-1) vaudra à peine mieux, si ce n'est grâce au nettoyage de lucarne de Vastic. Et que dire du triste visage offert par des Espagnols incapables de forcer la défense très hermétique des Paraguayens (0-0), regroupés devant le but du showman Chilavert ? Au ▶▶▶

Les photographes de presse au travail.
Archives *Le Progrès* / Joël Philippon

La Tribune
LE PROGRÈS
le journal du Mondial
TOUS LES JOURS NOS PAGES SPÉCIALES
Coupe du Monde de football 10 juin / 12 juillet

La Yougoslavie au trot

Privée de Savicevic, la Yougoslavie est venue difficilement à bout de l'Iran grâce à un coup-franc de Mihajlovic, hier à Geoffroy-Guichard, à l'issue d'un match globalement décevant. On attendait mieux de la part des Yougoslaves mais les Iraniens ont montré une belle audace.

PAGE IV

Sérieux incidents à Marseille

Colombie-Roumanie: les retrouvailles

L'Allemagne au révélateur des Etats-Unis

moins, on verra trois buts des Marocains qui prendront le meilleur, pour du beurre, face à de faibles Écossais (3-0).

Le coup franc magistral, la signature de l'artiste

Plus que sur la pelouse, c'est avant et après les matchs qu'aura lieu le spectacle, dans les bars et les rues colorées par les milliers de supporters étrangers qui se mélangent à la population locale, boivent et chantent ensemble. La Coupe du monde a fait de Saint-Étienne un lieu de fête inoubliable le temps d'un joli mois de juin.

Une mort suspecte à La Ricamarie
Le corps sans vie d'un agriculteur découvert par un garde-chasse
PAGE 6

La Tribune
LE PROGRÈS
Le journal de Saint-Étienne

Tequila orange à Saint-Etienne

Aujourd'hui, à peine remise de sa journée écossaise, Saint-Etienne s'apprête à vivre une nouvelle journée chaude avec le match qui opposera les Pays-Bas et le Mexique. Les supporters aux couleurs orange côtoieront les porteurs de sombreros. Ils se sont d'ailleurs déjà mêlés aux Stéphanois, place Jean-Jaurès, pour regarder le match France-Danemark sur l'écran géant. Avec une météo qui promet d'être estivale, tout devrait, en tout cas, contribuer à une nouvelle journée exceptionnelle.

L'auto écolo en route
PAGE 5

Chasse: Bruxelles riposte
PAGE 2

Théâtre et cinéma à Rochetaillée
Du 25 juin au 4 juillet, Rochetaillée va vivre la quatrième édition de son festival de théâtre et de cinéma.
PAGE 10

Sans faute

Un sans-faute pour les Bleus qui, vainqueurs 2 buts à 1 du Danemark, hier après-midi, au stade de Gerland, terminent en tête de leur groupe, réalisant une «première» en gagnant leurs trois rencontres qualificatives pour les huitièmes de finale. Un sans-faute aussi pour les supporters français et danois, avec ou sans billets, qui, dans la joie et la fraternité, entendaient tenir Lyon éveillé jusqu'à l'aube

RETOURNEZ VOTRE JOURNAL
SPÉCIAL MONDIAL

ANGLETERRE – ARGENTINE, INTENSE ET SUBLIME

Salué comme le plus beau match du tournoi par sa dramaturgie, l'affrontement en 8e de finale entre ces deux pays de foot marqué par l'élimination anglaise aux tirs au but, s'est révélé être aussi un sommet dans les tribunes.

Alan Shearer, l'un des buteurs anglais. Archives *Le Progrès* / Yves Flammin

Vingt ans et quelques années plus tard, le sentiment reste le même. Un mélange de fierté et de grâce d'avoir été le témoin, par le hasard d'un heureux tirage au sort, du probable plus grand match de la Coupe du monde 1998, spectateur d'une ambiance passionnelle vécue au cœur du kop argentin, et jamais revue depuis.

Douze ans après la « maradonesque » main de Dieu du Mondial 1986, le contexte est toujours aussi brûlant entre l'Angleterre et l'Argentine, même si la guerre des Malouines semble loin. Si les supporters de l'Albiceleste se font discrets en ville, ce n'est pas le cas des Britanniques qui se sont bastonnés la veille avec de jeunes Stéphanois.

Chauffés à la bière, les soldats de la Reine donnent de la voix. Le *God Save The Queen*, aussi furieux qu'intense, fait physiquement trembler le Chaudron. En réponse, les coups de tambourin des fils de la pampa, en minorité dans le stade et majoritairement rassemblés côté nord, sont plus difficilement audibles. Le penalty réussi par Batistuta dès la sixième minute les transcende. Ceux qui se trouvent égarés côté sud, le fief des British, se ramassent quelques coups pour avoir fêté trop bruyamment l'ouverture du score. L'égalisation anglaise par Shearer quatre minutes plus tard, toujours sur penalty, ramène un semblant de calme. Juste avant l'action du match. Owen, 18 ans, fonce vers le but argentin à une vitesse qui semble encore supersonique, ▸▸▸

même dans nos souvenirs jaunis. Lancé par Beckham du rond central, il élimine Chamot, dépose Ayala, et trompe Roa d'une sublime frappe en lucarne (16e). Assurément le but du tournoi.

50 minutes d'une intensité folle

L'extatique joie anglaise dure à peine le temps du tea time. Sur une habile combinaison sur coup franc, Zanetti crucifie Seaman (45e). Déjà sublime, la rencontre vire à la tragédie shakespearienne. Expulsé pour avoir chatouillé le mollet de Simeone, Beckham laisse ses coéquipiers à dix (47e). Il ne sait pas encore que les tabloïds anglais vont lui pourrir la vie. Et en faire le coupable idéal. Après ces 50 minutes d'une intensité folle, le score n'évoluera plus. Jusqu'au drama de la séance des tirs au but. Le kop sud-américain a alors des allures d'église, entre ceux qui prient à genou, pleurent ou implorent on ne sait quel Dieu du foot. Comme en 1986, il choisira la dévotion argentine.

Batistuta a ouvert le score pour l'Argentine. Archives *Le Progrès* / Jean-Louis Dubois

LA FICHE TECHNIQUE

À Geoffroy-Guichard, le 30 juin 1998 (8e de finale de Coupe du monde), l'Argentine élimine l'Angleterre aux tirs au but 2-2 (mi-temps : 2-2, 4-3 t.a.b.).

Affluence : 35 616 spectateurs.

Arbitre : M. Kim Milton Nielsen (Danemark).

Expulsion : Beckham (47e) pour l'Angleterre

But : Batistuta (s.p. 6e) et Zanetti (45e) pour l'Argentine ; Shearer (s.p. 10e) et Owen (16e) pour l'Angleterre.

Argentine : Roa, Vivas, Ayala, Chamot, Zanetti, Almeyda, Simeone (Berti, 91e), Ortega, Veron, Lopez (Gallardo, 69e), Batistuta (Crespo, 69e). Entr. : Daniel Passarella.

Angleterre : Seaman, G. Neville, Adams, Campbell, Anderton (Batty, 97e), Ince, Scholes (Merson, 79e), Beckham, Le Saux (Southgate, 71e), Owen, Shearer. Entr. : Glenn Hoddle

Coupe du Monde de football 10 juin / 12 juillet

www.leprogres.fr

La Croatie en quarts

Force est restée à Asanovic et aux Croates face aux Roumains de Hagi

Photo REUTER

La Tribune
LE PROGRÈS
le journal du Mondial
TOUS LES JOURS NOS PAGES SPÉCIALES

MERCREDI 1er JUILLET 1998

Viva Argentina !

Quel match ! Saint-Etienne a vibré hier soir au rythme d'une rencontre qui restera parmi les meilleures disputées dans ce mondial. Argentins et Anglais se sont livrés une « bataille » acharnée mais correcte dont les premiers sont sortis vainqueurs de haute lutte (4-3 aux tirs au but). L'Argentine de Batistuta affrontera donc les Pays-Bas samedi à Marseille.

D. Bigard, A. Gallo, J. Perbey, page V

Alan Shearer à la lutte avec l'Argentin Chamot. Photo Jean-Louis Dubois

Tension à l'italienne

France-Paraguay, c'est déjà du passé. France-Italie, c'est pour vendredi. La tension monte à Clairefontaine. Mentalement, l'équipe de France semble prête à relever le terrible défi italien.

J.-F. Gomez et C. Lanier, page III

EURO 2016 : QUAND SHAQIRI VOLE LA VEDETTE À LEWANDOWSKI

Le premier tour de l'Euro 2016 s'achève sur un bijou : le ciseau retourné du Suisse Shaqiri. Mais c'est bien la Pologne qui se qualifie pour les quarts de finale tout au bout de la séance des tirs au but.

Le Portugais Ronaldo, les Croates Modric et Rakitic, le Slovaque Hamsik, ou encore les Anglais Rooney et Kane. Le premier tour de l'Euro 2016 a vu défiler quelques stars à Geoffroy-Guichard. Du haut de son mètre 85, Robert Lewandowski ne dépareille pas dans ce casting de rêve. Il se présente dans le Chaudron en dernier, le samedi 25 juin, pour un 8e de finale explosif entre la Pologne et la Suisse. Le serial buteur du grand Bayern Munich a la pression. Il est resté muet lors des trois matchs de poule. Cela ne lui ressemble pas. Que se passe-t-il ? Serait-il en train de douter ? On guette le déclic. Ce premier but qui doit lancer sa compétition.

Il va falloir attendre longtemps sur la verte pelouse de Saint-Étienne. 90 minutes, 120 et même un peu plus. Dos à dos à la fin de la prolongation (1-1), Suisses et Polonais doivent se départager aux tirs au but. Cette fameuse loterie qui fait peur à tout le monde. Lewandowski ne se dégonfle pas. Il prend le ballon et s'élance le premier. Comme pour montrer l'exemple, donner le ton et de la force à ses coéquipiers. Les filets de Sommer se mettent à trembler. But. Peu importe la beauté ou la complexité du geste, Robert a enfin marqué et ça compte. « Le match a été très fort au niveau affectif, mais à mon âge, on essaie de contrôler les émotions », dira-t-il, soulagé, après la qualification des siens. Libéré d'un poids, il récidivera cinq jours plus tard face au Portugal.

Présentation des équipes et cérémonie d'avant-match pour ce 8e de finale Suisse-Pologne (en blanc) le 25 juin 2016. Archives *Le Progrès* / Philippe Vacher

Pour beaucoup, c'est le Suisse Shaqiri qui a été l'auteur du plus beau but de l'Euro, un ciseau retourné. Archives *Le Progrès* / Yves Flammin

LES FICHES TECHNIQUES

À Geoffroy-Guichard, le 14 juin 2016 (championnat d'Europe), Portugal et Islande font match nul 1 à 1 (mi-temps : 1-0).

Affluence : 38 742 spectateurs.

Arbitre : M. Cakir (Turquie).

Buts : Nani (31e) pour le Portugal. B. Bjarnason (50e) pour l'Islande.

Le vendredi 17 juin 2016 (championnat d'Europe), Croatie et République tchèque font match nul 2 à 2 (mi-temps : 1-0).

Affluence : 38 376 spectateurs.

Arbitre : M. Clattenburg (Angleterre).

Buts : Perisic (37e), Rakitic (59e) pour la Croatie. Skoda (76e), Necid (93e pen) pour la République tchèque.

Le lundi 20 juin 2016 (championnat d'Europe), Slovaquie et Angleterre font match nul 0 à 0.

Affluence : 39 051 spectateurs.

Arbitre : M. Carballo (Espagne).

Le samedi 25 juin 2016 (championnat d'Europe, 8e de finale), la Pologne bat la Suisse aux tirs au but (5 à 4 ; 1 à 1 à la fin du temps réglementaire).

Affluence : 38 842 spectateurs.

Arbitre : M. Clattenburg (Angleterre).

Buts : Shaqiri (82e) pour la Suisse. Blaszczykowski (39e) pour la Pologne.

Tirs au but réussis : Lewandowski, Milik, Glik, Blaszczykowski et Krychowiak pour la Pologne. Lichtsteiner, Shaqiri, Schär et Rodriguez pour la Suisse.

Tir au but manqué : Xhaka pour la Suisse.

Niveau esthétisme, le Suisse Shaqiri en connaît un rayon. Pour beaucoup, mais pas pour les internautes de l'UEFA qui lui préféreront le Hongrois Gera, c'est lui qui a été l'auteur du plus beau but de l'Euro. Une petite merveille. Un ciseau retourné aussi spectaculaire qu'efficace qui ne pouvait pas trouver plus bel écrin que le stade Geoffroy-Guichard. Preuve, une fois de plus, qu'il se passe toujours quelque chose dans le Chaudron.

Christiano Ronaldo et Birkir Saevarsson le 14 juin 2016. Archives *Le Progrès* / Philippe Vacher

Robert Lewandovski le 25 juin 2016. Archives *Le Progrès* / Philippe Vacher

CES GRANDES RENCONTRES

35 000 SPECTATEURS DERRIÈRE CÔTE-CHAUDE

Le Petit Poucet n'a jamais aussi bien porté son nom. Ce samedi 22 janvier 1994, l'écart est abyssal entre Côte-Chaude, club de quartier de Saint-Étienne qui a réussi l'exploit d'atteindre les 32e de finale de la Coupe de France, et le PSG, tenant du titre et futur champion de France. Les sept divisions qui séparent les deux adversaires ne pèsent pas lourd. Le tableau d'affichage qui indique le score à la fin de la rencontre est sans appel : 0-10. Mais l'essentiel est ailleurs pour les amateurs stéphanois. Toute leur vie, ils se souviendront avoir joué face à Raí, Ginola, Gravelaine, Valdo ou Weah. Artur Jorge, l'entraîneur parisien, a eu l'élégance d'aligner son équipe type sur une pelouse légèrement enneigée. Il fait froid dans le Chaudron, mais l'atmosphère s'avère vite bouillante. Devant l'engouement du public, la rencontre est même retardée d'un quart d'heure le temps de laisser rentrer la foule. Contre toute attente, 35 000 voix (plus grosse affluence de la saison…), quand à peine 10 000 étaient espérées, poussent derrière Meallier, Pitaval, Lutz et consorts. Côte-Chaude tient son invraisemblable victoire.

Malgré le froid, l'atmosphère est bouillante. Archives *Le Progrès* / Yves Flammin

Le but de Sydney Govou. Archives *Le Progrès* / Yves Flammin

2003 : LA COUPE DES CONFÉDÉRATIONS

Ce n'est pas tous les jours que l'équipe de France vient jouer à Geoffroy-Guichard. C'est même suffisamment rare pour être souligné. Le 20 juin 2003, dans le cadre de la Coupe des confédérations, les Bleus mettent un pied en terre verte pour la quatrième fois seulement de leur histoire. Ça leur porte bonheur. Les joueurs de Jacques Santini battent le Japon 2-1 grâce à un penalty de Robert Pirès et un but du Ponot Sidney Govou. Pour son grand retour dans le Chaudron, Willy Sagnol, formé à l'ASSE et défenseur du Bayern Munich, est expulsé en fin de rencontre. Sans conséquence. Ce succès permet aux tricolores de se qualifier pour la demi-finale.

Geoffroy-Guichard aura accueilli quatre autres matchs de cette coupe (Turquie 2 – États-Unis 1 ; France 2 – Japon 1 ; Japon 0 – Colombie 1 ; Brésil 2 – Turquie 2 ; Turquie 2 – Colombie 1), dont celui pour la troisième place, remporté par la Turquie aux dépens de la Colombie et celui du Brésil de Ronaldinho où débutait un certain Ilan qui rejoindra l'ASSE trois ans plus tard.

ÉQUIPE DE FRANCE : LE RÊVE DE DJIBRIL CISSÉ BRISÉ À SAINTÉ

Ultime match de préparation à la Coupe du Monde 2006, ce France – Chine reste dans les mémoires des 34 000 supporters présents dans l'ancienne version du stade Geoffroy-Guichard. Titulaire, Djibril Cissé voit son rêve se briser à la 13e minute. Victime d'une nouvelle fracture tibia-péroné, moins de deux ans après la première, l'attaquant de Liverpool n'ira pas en Allemagne. Les Bleus s'imposent 3-1 dans ce qui est à ce jour le cinquième des sept matchs disputés dans le Chaudron par l'équipe de France. Le premier a eu lieu lors de l'Euro 1984 (victoire 3-2 contre la Yougoslavie) et le dernier s'est déroulé le 29 mars 2015 en amical face au Danemark (2-0). À noter, un autre match amical face à l'Écosse (2-1 le 12 novembre 1997), un an avant la présence des Écossais à Saint-Étienne lors du Mondial 1998.

> Les sept matchs des Bleus à Geoffroy-Guichard : France – Yougoslavie (3-2), championnat d'Europe, le 19 juin 1984 ; France – Roumanie (0-0), éliminatoires championnat d'Europe, le 8 octobre 1994 ; France – Écosse (2-1), amical, le 12 novembre 1997 ; France – Japon (2-1), Coupe des confédérations, le 20 juin 2003 ; France – Chine (3-1), amical, le 7 juin 2006 ; France – Nigéria (0-1), amical, le 2 juin 2009 ; France – Danemark (2-0), amical, le 29 mars 2015.

Les Bleus sur la pelouse des Verts.
Archives *Le Progrès* / Stéphane Guiochon

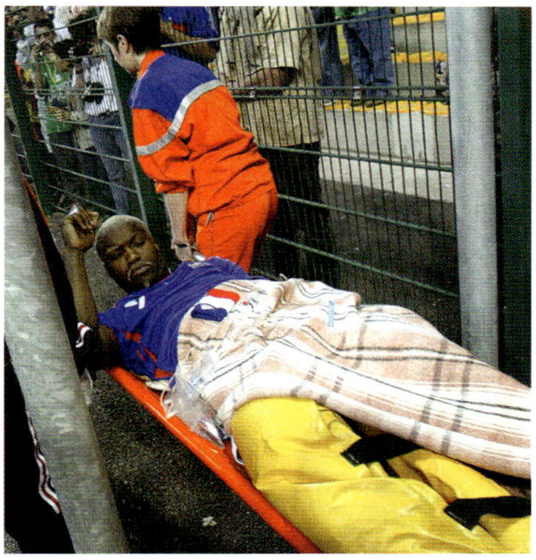

La sortie de Djibril Cissé.
Archives *Le Progrès* / Stéphane Guiochon

2002, L'ACTE FONDATEUR DES BLEUES DANS UN CHAUDRON VIBRANT

23 680 spectateurs rassemblés dans les tribunes de Geoffroy-Guichard à faire un boucan d'enfer. Jamais l'équipe de France féminine n'avait joué devant autant de monde – le record tiendra jusqu'en 2016 ! – et surtout dans une telle ferveur. Il faut dire que ce 16 novembre 2002 l'enjeu est de taille : c'est sur la pelouse du Chaudron que les coéquipières de Marinette Pichon doivent aller chercher face à l'Angleterre la première qualification de leur histoire à une Coupe du monde. Vainqueurs à l'aller 1-0, les tricolores résistent sans trembler aux assauts des Britanniques avant que la capitaine Corinne Diacre délivre les Bleues d'une reprise sur un ballon contré. Le public entonne alors une Marseillaise restée mémorable dans les souvenirs des joueuses. « J'en ai encore des frissons », raconte la milieu de terrain Élodie Woock. Encore raillé par certains, le football féminin prend vraiment son essor ce jour-là. Un véritable acte fondateur en terre verte.

La joie des Françaises. Archives *Le Progrès* / Célik Erkul

LA FICHE TECHNIQUE

À Geoffroy-Guichard, le 16 novembre 2002, la France bat l'Angleterre 1-0 (mi-temps : 0-0).

Affluence : 23 680 spectateurs.

Arbitre : Mme Petignat (Suisse).

But : Diacre (54e).

France : Marty, Viguier, Riera, Diacre, Provost, Soubeyrand, Bompastor, Mugneret-Béghé (puis Georges, 90e), Woock, Pichon, Kramo (puis Sykora, 78e).

Entr. : Élisabeth Loisel.

Angleterre : Cope, McArthur, Unitt, Britton, Stoney, Phillip, Moore, Williams (puis Exley, 84e), Walker (cap.), Barr (puis Burke, 56e), Yankey (puis Smith, 75e).

Entr. : Hope Powell.

CHAPITRE 4

Au-delà du foot

Les performances de l'ASSE ont parfois laissé place à d'autres manifestations. Grands matchs de rugby, concerts, performances ont aussi attiré les foules. L'histoire du stade est multiple, évolutive et ça continue ! L'implantation d'une statue en hommage aux deux monuments que sont Roger Rocher et Robert Herbin et l'ouverture d'une brasserie portée par un descendant de Geoffroy Guichard approchent...

Le public lors du concert de Police le 10 juin 2008.
Archives *Le Progrès* / Celik Erkul

QUAND LE CHAUDRON SE VEUT OVALE

Quatorze rencontres de rugby se sont déroulées entre le jour de l'inauguration du stade, le 13 septembre 1931, et le 18 avril 2015. Cinq autres sont d'ores et déjà attendues en 2023.

Sébastien Chabal, Serge Betsen et le XV de France n'ont eu aucune pitié des îles Fidji, balayées 77-10 en novembre 2001.
Photo *Le Progrès* / Philippe Vacher

Entre Saint-Étienne et le ballon ovale, cela n'a pas toujours été l'amour fou, les aficionados du coin lui préférant – et de loin – celui du foot. Il n'empêche que les adeptes de la « passe-en-arrière-à-la-main » n'oublient jamais de rappeler que l'affiche du 13 septembre 1931, jour d'inauguration du stade Geoffroy-Guichard, a bel et bien été un match opposant quinze Montferrandais à tout autant d'autochtones réunis au sein d'une équipe montée de toute pièce et baptisée Association sportive stéphanoise – Stade forézien universitaire. Pour une victoire 32-11 en faveur des Auvergnats.

Depuis, 13 autres rencontres se sont disputées sur la pelouse de ce qu'il est à présent convenu d'appeler le Chaudron. Il a d'abord fallu attendre près de 68 ans avant que le rythme ne s'accélère. Un envol réalisé grâce à un aviateur, ou tout au moins à une compétition, aujourd'hui disparue, inscrite à la mémoire d'Yves ▸▸▸

du Manoir. La finale entre le Stade français et le CS Bourgoin-Jallieu tourne à l'avantage des Parisiens (27-19, le 5 juin 1999).
Deux ans et demi plus tard, c'est le XV de France qui inflige aux îles Fidji une cuisante défaite (77-10, le 24 novembre 2001) avec pas moins de 12 essais. En 2006, les voisins berjalliens viennent à deux reprises dans le Forez augmenter la capacité d'accueil de leur cocon Pierre-Rajon chéri pour des joutes de Top 14. Sans succès : deux revers face à Perpignan (15-18, le 25 mars) et Clermont (22-28, le 7 octobre).
La Coupe du monde 2007 offre un formidable coup de projecteur sur le rugby avec trois événements en septembre : Écosse – Portugal (56-10), Samoa – États-Unis (25-21) et Écosse – Italie (18-16). Tout comme la somptueuse demi-finale du Top 14 entre Clermont et Toulon, achevée au bout de la nuit par une liesse teintée de jaune et de bleu (35-29 a.p., le 15 mai 2010).

Aurélien Rougerie, le capitaine de l'ASM Clermont, entre d'un pas décidé sur la pelouse du Chaudron, en demi-finale du Top 14 contre Toulon en 2010. Photo *Le Progrès* / Philippe Vacher

La Coupe du monde 2007 offre un formidable coup de projecteur sur le rugby

Une palette de couleurs identique cinq ans plus tard, sur le totem européen cette fois, face aux Saracens (13-9, le 18 avril). Pour ce qui restera quelque temps la plus belle affluence dans la configuration actuelle du stade (41 500 spectateurs). Cette douce euphorie a même gagné entre-temps le club local du CASE (lire par ailleurs), étoile filante du rugby moderne.
2023 marquera son retour avec le match France - Écosse en préparation des Bleus à la Coupe du monde dont Saint-Étienne sera à nouveau l'hôte, pour quatre soirées en septembre et octobre, de l'Australie, de l'Argentine, des Fidji, de l'Italie, des Samoa et de deux autres nations encore à définir.

Un mur jaune et bleu a porté les Clermontois jusqu'en finale de la Coupe d'Europe en 2015. Photo *Le Progrès* / Claude Essertel

Alexandre Péclier a joué sous trois maillots différents à Geoffroy-Guichard : le CS Bourgoin-Jallieu, l'ASM Clermont et le CA Saint-Étienne. Photo *Le Progrès* / Philippe Vacher

LE MÉTÉORE CASE RUGBY

L'ascension météorique du CA Saint-Étienne à la fin des années 2000 a fait croire un instant que le rugby professionnel pouvait coexister avec le football ainsi que le basket dans la cité forézienne. Si cette chimère est morte étouffée dans l'œuf, la parenthèse enchantée aura permis au club local d'investir Geoffroy-Guichard à quatre reprises en l'espace de quelques mois : à l'occasion de la demi-finale aller de Fédérale 1 face à Bourg-en-Bresse (23-22) devant une affluence de 21 000 spectateurs ; puis la saison suivante en Pro D2, contre Oyonnax (7-47), Bordeaux (16-48) et le voisin lyonnais (14-23). Pour deux destins totalement opposés : tandis que le LOU venait valider son accession en Top 14, le CASE entamait sa redescente aux enfers dont il ne se relèvera jamais.

François Seguin hurle sa joie après avoir inscrit l'un des essais qui enverront le CASE rugby vivre une courte expérience en Pro D2. Photo Le Progrès / Philippe Vacher

Le public stéphanois garde un très bon souvenir de l'équipe d'Écosse, ici face au Portugal, lors de la Coupe du monde 2007. Photo *Le Progrès* / Philippe Vacher

Le Samoan Justin Purdie, sur ses appuis au soutien de son partenaire face aux États-Unis, lors de la Coupe du monde 2007, fera ensuite les beaux jours du CA Saint-Étienne.
Photo Le Progrès / Philippe Vacher

Les Samoans entonnent leur haka avant d'affronter les États-Unis en Coupe du monde. Photo *Le Progrès* / Philippe Vacher

EPCRUGBY.COM
CHAMPIONS CUP
Enjoy Responsibly
EPCRUGBY.COM
Enjoy Responsibly
CHAMPIONS CUP

Une vue panoramique sur le stade Geoffroy-Guichard en version rugby avant Clermont – Saracens en 2015.
Photo *Le Progrès* / Charly Jurine

LE GESTE DE BRUCE SPRINGSTEEN EN FAVEUR DES CHÔMEURS STÉPHANOIS

Le 25 juin 1985, la tournée mondiale du « Boss » s'était arrêtée au stade Geoffroy-Guichard. La star avait remis un chèque de 10 000 dollars à deux membres du conseil municipal avant son concert.

Le concert de Bruce Springsteen du 25 juin 1985. Archives *Le Progrès*

Un an après la sortie de l'album légendaire *Born in the USA*, Bruce Springsteen est au sommet. Le 25 juin 1985, 20 000 Stéphanois l'attendent sur la pelouse du stade Geoffroy-Guichard pour un concert qui s'annonce mythique. Mais c'est un entretien en coulisse, une demi-heure avant le spectacle, qui marquera pour longtemps le passage de l'artiste américain dans la Loire. Dans la plus grande discrétion, Bruce Springsteen rencontre Odette Peycelon, adjointe aux

20000 personnes étaient réunies dans le stade dont la pelouse était recouverte de plaques en contreplaqué pour assister au concert du « Boss ». Archives *Le Progrès* / Claude Essertel

Affaires sociales, et Martine Fontanilles, conseillère municipale…

La veille du concert, François Dubanchet, alors maire de la ville, avait été contacté par l'attaché de presse de la star qui souhaitait rencontrer des élus pour leur remettre un chèque à destination des chômeurs. « Comme le maire ne parlait pas très bien anglais, il avait dit à Martine et moi : "Allez-y toutes les deux" », se souvenait Odette Peycelon en 2020. À l'époque, elle avait détaillé l'entrevue dans nos colonnes : « Bruce Springsteen est un homme très agréable, très poli, d'une grande gentillesse. Il a fait preuve d'une grande délicatesse et m'a dit qu'il souhaitait que l'argent soit versé aux chômeurs. Ce n'est qu'après notre discussion qu'il m'a fait remettre le chèque. » D'un montant de 10000 dollars, il fut mis à l'ordre du bureau de l'Aide sociale de Saint-Étienne.

« Il a fait preuve d'une grande délicatesse»

L'association des chômeurs de la Loire avait salué l'initiative de l'artiste originaire du New Jersey : « Nous apprécions à sa juste valeur ce geste qui montre qu'une vedette américaine est plus touchée par la détresse et la misère des gens privés d'emploi que d'autres qui habitent notre pays. C'est une leçon pour beaucoup […] Arrêtons les égoïsmes, bravo Bruce Springsteen et, au nom des exclus du travail, merci. » En 2020, Martine Fontanilles se remémorait le contexte social dans lequel se trouvait la ville au milieu des années 1980 : « Beaucoup d'usines avaient fermé et la fin de Manufrance venait d'avoir un grand retentissement. L'humanité de cet artiste très simple m'avait marquée. »

Quelques jours après cette rencontre, Odette Peycelon avait même reçu un petit mot du chanteur : « Il parlait beaucoup de social. » Né dans un milieu ouvrier, Bruce Springsteen était connu pour son engagement auprès des plus modestes.

JOHNNY HALLYDAY : HISTORIQUE !

Après Bruce Springsteen, il fallut attendre longtemps pour revoir un concert d'envergure dans l'antre de l'ASSE. Le 22 juillet 2003, la voix de Johnny Hallyday remit le feu au stade Geoffroy-Guichard. Devant 36 000 personnes, le « taulier » avait partagé quelques duos (avec Laurent Gerra, Hugues Aufray et Isabelle Boulay) après la première partie d'un Yannick Noah reconverti dans la chanson depuis une douzaine d'années. Un concert « historique » pour un public en délire littéralement emporté par les tubes de l'idole des jeunes.

La démesure : mise en place de l'imposante structure du concert de Johnny. Archives *Le Progrès* / Philippe Trias

C'est à Geoffroy-Guichard que se clôt la tournée 2003 de Johnny devant 36 000 personnes. Archives *Le Progrès* / Claude Essertel

Yannick Noah en première partie.
Archives *Le Progrès* / Philippe Trias

La pelouse… après. Archives *Le Progrès* / Jean-Louis Dubois

Archives *Le Progrès* / Celik Erkul

ET POLICE PASSA...

Près de cinq ans plus tard, le 10 juin 2008, le passage de Police a moins marqué les esprits. Les 30 000 spectateurs réunis dans le Chaudron ont apprécié de réentendre *Message in a Bottle* ou *Walking on the moon*, mais le concert de Sting et sa bande, commencé avec un quart d'heure d'avance et d'une durée de 1 h 30 chrono, a laissé beaucoup de fans sur leur faim.

Archives *Le Progrès*

LA FINALE DE GLASGOW, EDDY MITCHELL ET LA COUPE DU MONDE 1998

D'autres spectacles, dont on se souvient moins, se sont déroulés au stade Geoffroy-Guichard. On peut évoquer celui du 13 mai 1976 au lendemain de la finale de Glasgow perdue par les Verts. En attendant le retour de leurs héros qui faisaient d'abord une escale à Paris, les 15 000 supporters massés dans les tribunes du Chaudron ont assisté à un spectacle proposé par France Inter et animé par Danièle Gilbert. L'accordéoniste Aimable, Eddy Mitchell, l'harmonie municipale et une troupe de majorettes ont fait monter l'ambiance avant l'arrivée des hommes de Robert Herbin.

Autre soirée marquante, celle du 12 mai 1998 pour l'inauguration du nouveau stade Geoffroy-Guichard avant la 16e Coupe du monde. Après deux matchs amicaux de jeunes, un spectacle mis en scène par Daniel Benoin, alors directeur de la Comédie de Saint-Étienne, et présenté par Jacques Weber et Muriel Robin, fut organisé en grande pompe devant 20 000 spectateurs. 1998 choristes ont, notamment, interprété une cantate de Michel Legrand.

DU SPORT, MAIS PAS QUE !

Où l'on découvre les usages multiples et parfois inattendus du stade

1

2

Un motard contrôlé à 180 km/h au lieu de 90

La Tribune LE PROGRÈS

LAC DU BOUCHET : Les restaurateurs perturbent les travaux

LITTÉRATURE : Le Petit Prince fête ses 70 ans

MONISTROL-SUR-LOIRE : L'extinction de l'éclairage public délicate à appliquer

Stade Geoffroy-Guichard

Une attaque chimique simulée

Sortir

Vous faites quoi, ces prochains jours ? Choisissez votre sortie sur www.leprogres.fr/pour-sortir

3

1 En 2019, 500 enfants issus de clubs sportifs et culturels de la Loire s'entraînent avec les gendarmes en vue d'un flashmob géant. Il rapportera plus de 40 000 euros de dons au profit de l'association Gendarmes de cœur.
Photo *Le Progrès* / Frédéric Chambert

2 et 3 Spectaculaire exercice de sécurité ce 4 avril 2016 : c'est une simulation d'attaque chimique aérienne pendant un match de l'Euro 2016 au stade Geoffroy-Guichard. Plus de 600 participants dont 420 figurants jouant le rôle du public sont mobilisés.
Photo *Le Progrès* / Philippe Vacher

3 En 2013, coup d'envoi de la candidature de Saint-Étienne au titre de capitale européenne de la culture.
Photo *Le Progrès* / Philippe Vacher

4 En 2014, des policiers polonais, chargés entre autres de sécurité dans les stades, en visite.
Le Progrès / Célik Erkul

5 . En cravate, l'acteur Jérémie Rénier aux côtés de la réalisatrice Laetitia Masson lors du tournage de *Coupable*, en décembre 2006. Quelques années plus tard, c'est une autre réalisatrice Charlotte de Turckheim qui prendra le stade pour décor dans sa comédie *Qui c'est les plus forts ?* avec Audrey Lamy.
Le Progrès / Célik Erkul

1 et 2 **L'ASSE s'apprête à recevoir Lens ce 2 septembre 1987. Lui voit la pelouse de haut, traversant sur son fil d'un angle à l'autre du stade. C'est bien sûr le grand funambule et équilibriste Henry's, un célèbre Stéphanois qui voyait la vie d'en haut.**
Photo *Le Progrès* / Jean-Louis Dubois

3 **Une première dans un stade français. Après l'Euro de 2016, pour ne pas détériorer la pelouse, ce corps géant s'est assoupi quelques jours, « en repos dans le chaos du monde » selon les propos des artistes. Œuvre monumentale et éphémère – il disparaîtra à la prochaine tonte –, c'est une incroyable performance d'Ella et Pitr que ce *Brigitte-Angélique des Braises de la Marmite*. Les artistes stéphanois font entrer le *street art* au stade, un terrain à leur démesure… « Pour nous, il est question de dépassement de soi », déclaraient-ils alors au *Progrès*.**
Photo Ella & Pitr / E. Parlefort

3

DEMAIN, UNE BRASSERIE GEOFFROY-GUICHARD

Le stade continue d'évoluer avec l'ouverture d'une brasserie dans l'angle sud-ouest du Chaudron, à l'initiative de Jérémy Guichard, arrière-arrière-petit-fils du fondateur de Casino.

Geoffroy Guichard a innové dans de nombreux domaines. Avec cette brasserie, Jérémy, son arrière-arrière-petit-fils veut « ajouter une petite pierre à cet édifice. » Photo *Le Progrès* / Clément Goutelle

Le stade Geoffroy-Guichard n'est pas resté figé dans le temps. Il est en perpétuelle évolution. La dernière en date : la création d'une brasserie dans l'enceinte du Chaudron, au-dessus du musée des Verts. Clin d'œil de l'histoire, ce projet est porté par Jérémy Guichard, arrière-arrière-petit-fils de Geoffroy Guichard.

Un lien familial qui l'a poussé à aller au bout de ce projet un peu fou : « L'idée de ce projet a commencé en 2013, au moment de la refonte du stade. Sans ce lien historique familial, j'aurais certainement abandonné depuis longtemps. »

« Un lieu axé sur l'histoire de mon aïeul et du stade »

Porter le nom de Guichard n'est pas anodin pour Jérémy : « Il y a une attache familiale. Geoffroy Guichard a innové dans de nombreux domaines. J'ai une fierté de ce passé. L'ASSE vient des fondamentaux qu'il avait mis en place. Et avec cette brasserie, je veux ajouter une petite pierre à cet édifice. »

Jérémy Guichard va installer son établissement dans l'angle sud-ouest de l'enceinte sportive. L'entrepreneur ligérien souhaite respecter l'esprit qui règne au sein de ce sanctuaire du football : « La brasserie se trouve à la jonction de la tribune Pierre-Faurand et du kop sud. On veut être cet endroit de brassage populaire, un lieu de réunion. ▶▶▶

Nous proposerons une carte hétérogène avec des plats accessibles et d'autres plus poussés. C'est dans cette idée d'être un lieu sans clivage. »
Il souhaite également lancer une bière spéciale pour l'occasion : « En parallèle, nous allons produire la bière siglée brasserie Geoffroy-Guichard. Nous avons un accord avec Casino dans 800 points de vente. Cela devrait représenter un million de bières de 33 centilitres à l'année. »
Cette brasserie a demandé un investissement de deux millions d'euros au total et ouvrira durant l'été 2022. L'espace de 750 m² offre une vue sur la ville, mais aussi sur la pelouse du Chaudron. Jérémy a choisi en toute logique de la nommer brasserie Geoffroy-Guichard : « Nous voulons être un lieu axé sur l'histoire de mon aïeul et du stade. La brasserie aura un esprit sport et sera animée par la retransmission de divers événements sportifs. » Mais elle n'est pas liée au club stéphanois : « Nous ne sommes pas l'ASSE. Nous avons une autorisation d'occupation de 30 ans. On doit fermer les jours de match, sauf accord avec l'ASSE. Nous serons ouverts le midi en semaine, les soirées de fin de semaine et les week-ends. » Mais les Verts pourront tout de même faire vibrer la brasserie Geoffroy-Guichard : « On pourra y voir à domicile les matchs à l'extérieur de l'ASSE. » La boucle est bouclée.

Ces deux légendes du club stéphanois seront bientôt réunies côte à côte en une même statue de bronze de trois mètres de haut. Archives *Le Progrès*

UNE STATUE POUR DEUX MONUMENTS : ROGER ROCHER ET ROBERT HERBIN

Une statue va rendre hommage à deux figures emblématiques de l'ASSE : Roger Rocher (1920-1997) et Robert Herbin (1939-2020). Cette œuvre monumentale va tout simplement réunir les deux plus gros palmarès du football français.

Roger Rocher, président de l'ASSE de 1961 à 1982, a écrit les plus belles pages du club stéphanois et du football français. Avec lui, les Verts remportent neuf de leurs dix titres de champion, gagnent six Coupes de France, et réalisent une épopée européenne inoubliable entre 1974 et 1977 qui a fait vibrer la France entière. Il trônera donc devant le Chaudron aux côtés de l'entraîneur de l'épopée, Robert Herbin, la coupe de France à la main. Leur destin est lié puisque le Sphinx a l'un des plus beaux palmarès du football français en tant que joueur avec six titres de champion de France (1964, 1967, 1968, 1969, 1970 et 1975) et trois Coupes de France (1962, 1968 et 1970). Il dispose également de l'un des plus beaux palmarès comme entraîneur avec quatre titres nationaux (1974, 1975, 1976 et 1981) et trois Coupes de France (1974, 1975 et 1977). Et tout cela avec l'ASSE bien sûr.

Cette statue en bronze sera installée sur le parvis du stade Geoffroy-Guichard, qui portera justement le nom de Robert Herbin, situé entre l'entrée de la tribune Jean-Snella et la boutique des Verts. Financée par l'ASSE, la ville de Saint-Étienne et le Département, elle sera réalisée par le sculpteur parisien Laurent Mallamaci.

Pierre Gagnaire PIERRE GAGNAIRE ;
le musée des Verts (en particulier Philippe Gastal, historien, pour sa connaissance encyclopédique et sa relecture attentive et Laurent Chastellière, responsable du musée) ;

les archives municipales de Saint-Étienne ;
la ville de Saint-Étienne et Saint-Étienne Métropole.

GEOFFROY-GUICHARD - 90 ANS D'ÉMOTIONS

Hors-série du groupe Progrès

LE PROGRÈS

Siège social : 4, rue Paul-Montrochet, 69284 Lyon Cedex 02.
Tél. : 04 72 22 23 23.
SA au capital de 219 446 490 €. Principal actionnaire : SIM.
Directeur général, directeur de la publication : Pierre Fanneau.
Rédacteur en chef : Xavier Antoyé.
Chef du service Suppléments et Édition : Manuel da Fonseca.
Conception et coordination éditoriale : Bénédicte Georges.
Conception graphique et PAO : studio graphique Ebra Services EBRA services RCS 841 978 380
Cédric Mathey et Christophe Vobmann.
Textes : Romain Colange, Thomas Dutang, Olivier Guichard, Guillaume Laclotre, Damien Nore, Éric Pejoux, Frédéric Sauron, Thierry Séauve (rédaction *La Tribune - Le Progrès*), Grégory Charbonnier, Bénédicte Georges, Clément Goutelle.
Photos : Frédéric Chambert, Jean-Louis Dubois, Claude Essertel, Yves Flammin, Célik Erkul, Maxime Jegat, Charly Jurine, Lionel Lopes-Quintas, Charly Minassian, Richard Mouillaud, Rémy Perrin, Joël Philippon, Michel Renner, Yves Salvat, Philippe Trias, Jean-Pierre Vacher, ainsi que Alain Bernard Abou, Romain Colange, Drone Reporter 42, Ella et Pitr / E. Parlefort, Jacques Gavard, Romain Gavidia (CLP), Clément Goutelle, Guillaume Laclotre, Philippe Masseguin, Fabrice Roure (CLP), Frédéric Sauron, Michel Taffin.
Documentation photographique et iconographique :
Archives du Progrès (Vincent Bourbotte, Julien Iaboni et Pascale Martin) ;
Archives municipales de Saint-Étienne ; musée des Verts.
Relecture : Delphine Pyrek.
Impression : Imprimerie de Champagne, Langres (52).
Couverture : origine du papier Autriche, eutrophisation PTot 0,047 kg/T – taux de fibres recyclées : 0 %.
P. intérieures : origine du papier Belgique, eutrophisation PTot 0,013 kg/T – taux de fibres recyclées : 0 %.

N° ISBN : 9782359990416.
Dépôt légal : mai 2022.
Prix de vente : 19,90 €.
Tirage : 14 000 exemplaires, 132 pages.

PEFC 10-31-3182
Certifié PEFC
Ce produit est issu de forêts gérées durablement et de sources contrôlées
www.pefc-france.org

LE TRI + FACILE BAC DE TRI

Crédits photos de couverture de haut en bas et de gauche à droite :
Archives *Le Progrès* / Richard Mouillaud, archives *Le Progrès* / Claude Essertel, archives *Le Progrès*, archives municipales de Saint-Étienne / 5 Fi 6920 et 5 Fi 6921.